LIVRE-ARBÍTRIO

LIVRE-ARBÍTRIO

MARK BALAGUER

1ª edição
Atena, São Paulo

Do original Free will

Tradução autorizada do idioma inglês da edição publicada por The MIT Press

Dados Internacionais de Catalogação na Publicação (CIP)
(eDOC BRASIL, Belo Horizonte/MG)

B171l Balaguer, Mark.
Livre-arbítrio / Mark Balaguer; tradução Alexandre de Azevedo Palmeira Filho. – São Paulo (SP): Infopress Nova Mídia, 2016. – (Conhecimento Essencial ; v. 1)
175 p. : 11,5 x 16 cm

Inclui bibliografia.
Título original: Free will.
ISBN 978-85-86622-47-2

1. Livre arbítrio e determinismo. 2. Neuropsicologia. 3. Sociolinguística. I. Palmeira Filho, Alexandre de Azevedo. II. Título. III. Série.
CDD 123.5

Infopress Nova Mídia Ltda – CNPJ 01.277.125/0001-26
Rua Baltazar Lisboa, 180B – 04110-060 – São Paulo – SP
telefone (11)4052-9466
www.infopress.com.br – atendimentoaoleitor@infopress.com.br
Atena é um selo editorial de Infopress Nova Mídia Ltda.

Impresso no Brasil

Este livro é dedicado a Ellen Balaguer e Paul Balaguer,
minha irmã e irmão, com quem sempre pude contar.

CONTEÚDO

APRESENTAÇÃO DA SÉRIE

A série Conhecimento Essencial é composta por livros de bolso acessíveis, concisos e com projeto visual primoroso sobre temas de interesse atual. Escritos por pensadores proeminentes, os livros desta série apresentam visões gerais de assuntos que vão desde o cultural e histórico até o científico e técnico.

Na era atual da informação instantânea, estamos cercados por opiniões, racionalizações e descrições superficiais. Muito mais difícil é encontrar o conhecimento de base necessário para compreender o mundo a partir de seus princípios. Os livros da série Conhecimento Essencial preenchem essa lacuna. Sintetizando assuntos especializados para não especialistas e abordando temas críticos a partir de seus fundamentos, cada um desses volumes compactos leva aos leitores ideias complexas de forma clara e direta.

Bruce Tidor
Professor de Engenharia Biológica e Ciência da Computação
Massachusetts Institute of Technology

AGRADECIMENTOS

Gostaria de agradecer às seguintes pessoas (na maior parte meus familiares) por oferecerem comentários e sugestões úteis sobre as versões iniciais deste livro: Ellen Balaguer, Marcella Balaguer, Melchor Balaguer, Paulo Balaguer, Judy Feldmann e Michael McKenna, e também aos dois revisores anônimos.

1

INTRODUÇÃO

Nos últimos anos, várias pessoas vêm afirmando que a ciência demonstrou que os seres humanos não têm livre-arbítrio. Pessoas como Daniel Wegner (um psicólogo de Harvard) e Sam Harris (um neurocientista e autor de vários livros de "filosofia popular") sustentam que certas descobertas científicas provaram que o livre-arbítrio é uma *ilusão*.

Se fosse verdade, quase ninguém veria isso como algo a ser comemorado. E também seria surpreendente, porque realmente *parece* que nós temos livre-arbítrio. Parece que o que fazemos a cada momento é determinado por decisões conscientes que tomamos livremente. Suponha, por exemplo, que eu esteja deitado no sofá assistindo à TV e, de repente, eu decida me levantar e sair para dar uma volta. Parece que a *razão* pela qual eu me levantei e fui passear é que eu tomei uma *decisão* consciente de fazer isso. Eu poderia ter continuado a assistir à TV, ou poderia ter feito algo completamente diferente. Diabos, eu poderia ter me pintado de verde e fingido que era o Incrível Hulk travando um combate até a morte com um grupo maléfico de trapezistas lituanos. Mas eu não fiz nada disso; eu fui dar uma volta. E, ao fazer isso, eu exerci meu livre-arbítrio. Ou pelo menos foi essa a impressão que tive. Mas, se as pessoas como Wegner e Harris estiverem corretas, então essa sensação de liberdade que todos nós temos é uma ilusão. Do ponto de vista deles, nós realmente não temos livre-arbítrio. Em outras palavras, não temos nenhuma escolha real sobre o que fazemos. Em vez disso, na opinião deles, tudo o que fazemos é completamente causado por coisas que estão totalmente fora de nosso controle. E, ainda de acordo com essas pessoas, há *evidências científicas* que comprovam que não temos livre-arbítrio.

Eu não confio nessas pessoas. Não é que eu não confie na *ciência*. Pelo contrário, eu *realmente* confio na ciência. Eu acho que ela é a melhor maneira que temos para adquirir conhecimentos sobre o mundo. Eu apenas não confio nas *pessoas*. E realmente não confio nas pessoas que me dizem que a ciência mostrou que alguma alegação maluca é verdadeira. Agora, não me interprete mal, tenho plena consciência de que a ciência já nos mostrou que muitas alegações que pareciam malucas são verdadeiras. Mas, para cada caso em que a ciência legitimamente demonstrou algum resultado espantoso, há milhares de casos em que as pessoas disseram que a ciência havia demonstrado um resultado espantoso sem que isso realmente tivesse acontecido. Então, a moral aqui é a seguinte: você não deve acreditar que alguma conclusão maluca é verdadeira só porque alguém com um doutorado e um jaleco diz que ela foi provada pela ciência. Claro, isso também não significa que a conclusão seja *falsa*. Eu simplesmente estou dizendo que nós temos que examinar as evidências e chegar a nossa própria conclusão.

Assim, eu não acho que seria impossível, a princípio, que a ciência provasse que não temos livre-arbítrio. Afinal, nossos processos de tomada de decisão são processos cerebrais. Em particular, eles são processos neurais, e processos neurais estão, obviamente, no domínio da investigação científica. Isso é exatamente o que a neurociência faz – estuda os processos neurais. Portanto, há uma possibilidade real de que os neurocientistas descubram que não temos livre-arbítrio. Eu só não tenho certeza de que eles *tenham* descoberto isso. Então, quero investigar eu mesmo e ver se eles estão certos.

É dessa questão que este livro tratará. Discutiremos e avaliaremos os vários argumentos e experimentos científicos que são apresentados como evidência de que os seres humanos não têm livre-arbítrio. No final do

Portanto, há uma possibilidade real de que os neurocientistas descubram que não temos livre-arbítrio. Eu só não tenho certeza de que eles *tenham* descoberto isso.

livro, nós seremos capazes de responder a nossa questão central, quanto à validade ou não desses argumentos; em outras palavras, nós seremos capazes de dizer se realmente temos alguma boa razão para deixar de acreditar no livre-arbítrio.

Antes de prosseguir, quero abordar um assunto que será relevante para nossa discussão. De modo geral, podemos adotar duas concepções diferentes sobre a natureza dos seres humanos. Essas duas concepções podem ser resumidas da seguinte forma:

> *A concepção espiritual-religiosa dos seres humanos*
> Cada pessoa tem uma alma imortal, ou um *espírito* não físico, que é distinta do corpo físico e que, de alguma forma, "controla" o corpo, ou "diz ao corpo o que deve fazer". Por exemplo, se você está com sede e decide conscientemente ir até a cozinha para pegar um copo de água, então é sua alma que faz você tomar essa decisão consciente e faz seu corpo se levantar e começar a andar.
>
> *A concepção científico-materialista dos seres humanos* O ser humano é apenas seu corpo físico. Não existe uma alma não física que controla o corpo. Então, tudo o que faz você ser quem você é pode ser encontrado em seu cérebro. Suas crenças e

> desejos, seus medos e esperanças, suas memórias, seus sentimentos de amor e ódio, eles estão todos em seu cérebro, codificados por vias neurais. E, se quisermos saber por que você se levantou e caminhou até a cozinha, só temos que olhar para seu cérebro. Não há nenhum outro lugar para olhar, porque você não tem uma alma não física. Sua sede era uma coisa física, codificada por neurônios em seu cérebro. Além disso, sua decisão consciente de ir buscar um pouco de água *também* foi física – ela foi um evento físico, um evento neural, que ocorreu em seu cérebro. E esse evento neural fez seus músculos se moverem, e assim por diante.

Essa é uma questão controvertida em si mesma. O debate entre essas duas concepções é, obviamente, muito acalorado, e eu não tentarei resolvê-lo aqui. Mas a diferença entre essas duas concepções é importante para nosso tema por alguns motivos. O primeiro ponto que devemos notar é que os inimigos científicos do livre-arbítrio – pessoas como Wegner e Harris, que pensam que a ciência provou que não temos livre-arbítrio, geralmente adotam alguma variação da concepção científico-materialista dos seres humanos.

Agora, frente a isso, você pode pensar: "Então, se acredito em Deus e se acredito que tenho uma alma, não preciso me preocupar com os argumentos dessas pessoas. Não tenho que me preocupar com a possibilidade de que eu não tenha livre-arbítrio".

Mas não é óbvio que isso esteja correto. Pode ser que acreditar em almas não resolva o problema. Em outras palavras, pode ser que, mesmo se você aceitar a concepção espiritual-religiosa, mesmo se você acreditar que todos nós possuímos almas não físicas que controlam nossos corpos, isso ainda não seja suficiente para escapar dos argumentos contra o livre-arbítrio. Pode ser que os argumentos contra o livre-arbítrio ainda continuem válidos. Teremos que tratar disso com cuidado mais adiante.

Em qualquer caso, independentemente do mérito dos argumentos baseados na concepção espiritual-religiosa, eu passarei muito mais tempo à procura de uma resposta para os argumentos contra o livre-arbítrio que possa ser usada por *todos* nós, não importa se acreditemos em almas ou não. Ao fazer isso, eu muitas vezes aceitarei, apenas para argumentar, a concepção científico-materialista dos seres humanos. Em outras palavras, a pergunta que tentarei responder é se podemos encontrar uma maneira de responder aos argumentos contra o livre-arbítrio *mesmo se assumirmos que os seres humanos não têm almas não físicas*. Minha ideia aqui é que, se conseguirmos encontrar uma maneira de refutar os argumentos dos *materialistas* contra o livre-arbítrio em seus próprios termos, não haverá motivo para que os defensores da concepção espiritual-religiosa não aceitem nossa conclusão – de que, mesmo se assumirmos que somos entes puramente físicos, ainda assim os argumentos contra o livre-arbítrio não serão válidos. Procedendo dessa forma, nós na prática estaremos procurando uma resposta que todos possam usar.

Mas, no espírito da transparência – para que você saiba quem está aqui falando com você – deixe-me colocar minhas cartas na mesa. Eu não acredito em Deus e não acredito em almas não físicas. Não sou um ateu fanático e raivoso, com a boca espumando, mas apenas, de fato, não acredito que existam coisas como deuses ou almas não físicas. Mas neste livro não importa realmente no que eu acredito porque, repito, estarei à procura de uma resposta para os argumentos contra o livre-arbítrio que *todos* nós possamos usar e, além do mais, discutirei a possibilidade de rebatermos os argumentos contra o livre-arbítrio abandonando o materialismo e adotando a ideia de que todos nós temos almas não físicas.

Antes de entrar propriamente no assunto, eu provavelmente deveria dizer algo sobre a *importância* do livre-arbítrio para nós. Isso é algo que é frequentemente realçado por pessoas que escrevem sobre esse tema.

Elas nos dizem que o livre-arbítrio é fundamental para a moral, a religião, a política e nosso sistema legal. De fato, elas nos dizem que o livre-arbítrio é crucial para a concepção que temos de nós mesmos como seres humanos.

Isso talvez seja tudo verdade, mas eu vejo esses argumentos com suspeita. Para mim, isso parece apenas uma tentativa de justificar a decisão de escrever sobre o livre-arbítrio. Além disso, eu acho que essas reflexões intelectuais, que tratam da relação entre o livre-arbítrio e princípios nobres, nada dizem a respeito da *principal* razão que faz nós nos importarmos com a questão de termos ou não livre-arbítrio. A principal razão que faz nós nos importarmos com essa questão é que *queremos* o livre-arbítrio. E queremos o livre-arbítrio pela mesma razão pela qual queremos sorvete, felicidade e sexo – porque é *bom*. O livre-arbítrio é apenas uma coisa intrinsecamente boa que todos nós queremos. Então, se no final das contas descobrirmos que ele não existe – que a sensação de livre-arbítrio é uma ilusão – isto seria simplesmente *ruim*.

Assim, o livre-arbítrio é intrinsecamente desejável. Mas, é claro, também pode ser verdade que ele seja importante como um meio para outras coisas. Por exemplo, você pode pensar que precisamos do livre-arbítrio para justificar a forma como tratamos os criminosos. Você pode pensar que, se as pessoas não têm livre-arbítrio, então ninguém merece ser punido. Considere, por exemplo, Bruno Hauptmann, que foi condenado pelo sequestro e assassinato do bebê de Charles Lindbergh. A maioria das pessoas diria que se Hauptmann era de fato culpado, então ele mereceu ser punido por seus crimes. Mas, se ele não tinha nenhum livre-arbítrio – se suas ações foram causadas por coisas que estavam completamente fora de seu controle, de modo que ele não tinha nenhuma escolha genuína sobre o que fazia – então é difícil ver como ele teria culpa por suas ações, e é difícil ver como poderia ser justo responsabilizá-lo por elas. Ainda poderíamos encarcerar criminosos como ele para nos proteger, mas, se eles não têm livre-arbítrio, é difícil ver por que eles *mereceriam* esse tratamento.

O pensamento moral por trás desse argumento pode estar correto, mas eu tenho dificuldade em acreditar que há qualquer coisa com importância prática aqui. Mesmo se ficássemos totalmente convencidos de que as pessoas não têm livre-arbítrio, nada mudaria. Isso seria uma grande notícia por alguns dias, mas depois nós perderíamos o interesse e nossa atenção passaria para a próxima grande notícia – como Lindsay Lohan sendo presa por dirigir embriagada, ou qualquer outra coisa. E se, após a descoberta de que os seres humanos não têm livre-arbítrio, alguém sequestrasse e assassinasse um bebê, eu aposto que você se sentiria indignado; você sentiria em seu coração que o assassino *deveria* ser punido, existindo livre-arbítrio ou não.

Pessoas são pessoas e, se realmente descobrirmos que não temos livre-arbítrio, eu não acho que isso mudaria muita coisa. Mas isso não significa que essa descoberta não seria uma grande notícia. Seria. E seria uma *má* notícia. Seria como descobrir que não haveria mais chocolate. Não seria o fim do mundo, se nós descobríssemos que teríamos que viver sem chocolate, e dentro de alguns dias seguiríamos em frente; começaríamos a comer mais baunilha e caramelo, e isso seria tudo o que aconteceria. Mas isso não muda o fato de que nós *gostamos* de chocolate e não queremos viver sem ele. E o mesmo vale para o livre-arbítrio.

(Um revisor anônimo desse livro contestou esse argumento, alegando que algumas pessoas *não* gostam de chocolate. Se fosse verdade, isso seria, evidentemente, devastador para meu argumento, mas eu não acredito nisso nem por um segundo. As pessoas que dizem que não gostam de chocolate, em sua maioria, são mentirosos desavergonhados que normalmente podem ser descobertos comendo barras de chocolate atrás da caçamba de lixo no estacionamento, e os poucos que honestamente acreditam que não gostam de chocolate estão simplesmente confusos. Em geral eles só não experimentaram chocolate nas condições certas. Se você está nessa categoria, experimente comer um bolo inteiro de chocolate deitado na cama, debaixo das cobertas e com as cortinas fechadas, assistindo a reprises de sua série favorita. Acho que você se surpreenderá com os resultados.)

2

O CASO CONTRA O LIVRE-ARBÍTRIO

Quero começar apresentando os argumentos contra o livre-arbítrio. Mais tarde, tentaremos descobrir se esses argumentos são válidos, mas, neste capítulo, eu apenas quero formular esses argumentos da maneira mais convincente possível, como os inimigos do livre-arbítrio os apresentam.

A ideia central por trás dos argumentos contra o livre-arbítrio é a ideia de *determinismo*, assim começarei por ela.

Determinismo

Comecemos pensando em bolas de bilhar. Imagine que você acertou a bola oito com a bola branca, e a bola oito entrou em uma caçapa de canto. Dada a forma como a bola branca bateu na bola oito – a força exata do impacto, a maneira exata como a bola branca estava girando e assim por diante – parece que só havia uma coisa que a bola oito poderia ter feito.

Em outras palavras, parece que a maneira como a bola branca bateu na bola oito *determinou* o caminho que a bola oito percorreria. Parece que a bola oito não poderia ter feito outra coisa. Você pode pensar nisso em termos das leis da física. Parece que a bola oito foi *forçada* a se comportar da maneira como se comportou pelas leis da física, isto é, pelas leis da natureza.

O determinismo diz que *todos* os eventos são assim. É a ideia de que todo evento físico é *totalmente causado* por eventos anteriores, em obediência às leis da natureza. Ou, em outras palavras, é a ideia de que todo evento tem uma causa que o *faz* acontecer da única maneira como poderia ter acontecido.

(Na verdade, essa caracterização do determinismo é um pouco rudimentar. Se você quer uma definição precisa, podemos dizer que o determinismo é a doutrina segundo a qual o conjunto das leis da natureza, juntamente com uma descrição completa do universo em um dado momento, determina logicamente qual será a descrição completa do universo em todos os momentos posteriores.)

Não importa como o determinismo seja definido, o mais importante é que ele intuitivamente parece correto.

Na verdade, ele pode parecer absolutamente óbvio. Para ver por que, considere outro caso, também envolvendo bolas de bilhar. Imagine que colocamos duas bolas, uma ao lado da outra, e que você e eu as acertamos ao mesmo tempo, muito levemente, com nossos tacos de bilhar. E suponha que minha bola role 30 centímetros antes de parar, e sua bola role 30,5 centímetros. Diante disso, responda à seguinte pergunta: por que sua bola foi mais longe do que a minha?

Bem, a resposta óbvia é que você acertou sua bola com um pouco mais de força do que eu. Mas, é claro, poderíamos oferecer outras possíveis explicações. Pode ser que nós tenhamos acertado as bolas com a mesma força, mas que sua bola seja um pouco mais leve do que a minha. Ou pode ser que havia um pouco mais de atrito sobre a parte da mesa em que minha bola rolou. Ou o que quer que seja. Podemos não saber a resposta para essa pergunta, mas parece evidente que tem que haver uma resposta. Mas imagine alguém respondendo a nossa pergunta dizendo o seguinte:

> Não há nenhuma razão para sua bola ter ido mais longe. Ela simplesmente *foi*. As duas bolas têm exatamente a mesma massa; e elas sofreram impactos exatamente com a mesma força; e havia quantidades exatamente equivalentes de atrito nas duas

> partes da mesa; e assim por diante. Em suma, *não* houve nenhuma diferença entre os dois casos. Uma bola simplesmente foi mais longe do que a outra, e não há nada que explique isso. Em outras palavras, nada fez isso acontecer; isso simplesmente *aconteceu*.

Intuitivamente, isso parece loucura. Seria muito natural responder a esse pequeno discurso dizendo algo parecido com isto:

> De que diabos você está falando? Os eventos físicos não *acontecem* por acaso. Se uma bola foi mais longe do que a outra, então tem que haver uma razão para isso. Alguma coisa deve tê-la *feito* ir mais longe.

Isso *parece* correto. Mas note que isso é exatamente o que um determinista diria. Dizer que as coisas não acontecem por acaso é essencialmente o mesmo que dizer que cada evento é totalmente causado por eventos anteriores.

Então, mais uma vez, o determinismo parece muito plausível. Mas também é importante notar que o determinismo tem algumas consequências surpreendentes. Observe, por exemplo, que, se o determinismo é verdadeiro, então assim que o Big Bang ocorreu, há 13 bilhões de anos, toda a história do universo já estava escrita. Em outras palavras, já estava determinado que tudo aconteceria *exatamente* como aconteceu. Já estava determinado, por exemplo, que haveria um tsunami no Japão em 2011. Por quê? Porque, se o determinismo é verdadeiro, cada vez que algo acontece, existe apenas *uma* coisa que pode acontecer em seguida. Então, assim que o Big Bang aconteceu, o próximo evento foi *imposto* como uma consequência inevitável das leis da física; e, logo depois, o evento seguinte também foi imposto; e o mesmo vale para o próximo evento, e o próximo, e o próximo, ao longo de toda a história. Assim, de acordo com o determinismo, após ocorrer o Big Bang, houve apenas uma marcha passo a passo durante 13 bilhões de anos até o tsunami de 2011. Essa é uma afirmação muito surpreendente.

O Argumento Clássico Contra o Livre-Arbítrio

Há um argumento muito antigo contra o livre-arbítrio que parte do pressuposto de que o determinismo é verdadeiro. Se o determinismo é verdadeiro, então já era certo, há 13 bilhões de anos, logo após o Big Bang ocorrer, que haveria um tsunami no Japão em 2011. Mas

Se o determinismo é verdadeiro, então tudo o que você já fez – cada escolha que você fez durante toda sua vida – já estava determinado há 13 bilhões de anos.

isso não é tudo. O argumento também se aplica a *nós*. Por exemplo, também já era certo que, no mesmo ano infame – na verdade, a poucas semanas do tsunami, Charlie Sheen estaria em rede nacional de TV e não apenas diria que era um bruxo, mas também que tinha "DNA de Adonis" (um termo que ele provavelmente não aprendeu nas aulas de biologia). Ou, para dar um exemplo mais pessoal, já estava estabelecido que você estaria lendo este livro agora. Na verdade, se o determinismo é verdadeiro, então tudo o que você já fez – cada escolha que você fez durante toda sua vida – já estava determinado há 13 bilhões de anos. Mas, se isso é verdade, então as implicações para o livre-arbítrio são óbvias.

Imagine que você está em uma sorveteria, esperando na fila, tentando decidir se pedirá um sorvete de chocolate ou baunilha. E imagine que, quando chega sua vez na fila, você decide pedir um sorvete de chocolate. Foi essa escolha um produto de seu livre-arbítrio? Bem, se o determinismo é verdadeiro, então sua escolha foi totalmente causada por eventos anteriores. As causas *imediatas* de sua decisão foram eventos neurais que ocorreram em seu cérebro pouco antes da escolha. Mas, é claro, se o determinismo é verdadeiro, então os eventos neurais que causaram sua decisão também tiveram causas físicas; eles foram causados por eventos anteriores – eventos que ocorreram imediatamente antes deles. E assim por diante, estendendo-se para o passado. Nós podemos seguir essa cadeia de eventos até quando você era um bebê, até os primeiros eventos de sua vida. Na verdade, nós podemos continuar voltando até antes disso, porque, se o determinismo é verdadeiro, esses primeiros eventos também foram causados por eventos anteriores. Nós podemos continuar voltando até eventos que ocorreram antes de você ser concebido, até eventos envolvendo sua mãe e seu pai e uma garrafa de vinho Chianti.

Então, supondo que o determinismo seja verdadeiro, já seria certo, antes mesmo de você nascer, que você pediria um sorvete de chocolate quando chegasse sua vez na fila. Mas, se isso é verdadeiro, então a consequência parece ser que você não pediu um sorvete de chocolate por vontade própria. E, evidentemente, o mesmo pode ser dito a respeito de *todas* nossas decisões. Se o determinismo é verdadeiro, cada decisão já tomada por qualquer ser humano estava previamente determinada por eventos que ocorreram há bilhões de anos, antes mesmo que nosso sistema solar existisse. E assim parece que, se o determinismo é verdadeiro, então os seres humanos não têm livre-arbítrio.

Esse é o *argumento clássico* contra o livre-arbítrio. Ele assume que o determinismo é verdadeiro e argumenta, a partir daí, que não temos livre-arbítrio.

O Determinismo É Realmente Verdadeiro?

Há um grande problema com o argumento clássico contra o livre-arbítrio. Ele simplesmente *assume* que o determinismo é verdadeiro. A ideia por trás do argumento parece ser que o determinismo é algo que é evidentemente verdadeiro. Mas ele não é evidentemente verdadeiro. Agora, eu disse alguns parágrafos atrás que, *intuitivamente*, o determinismo parece correto. Mas uma das principais lições da física do século XX é que nós não podemos usar o bom senso, ou a intuição, para concluir que o determinismo é verdadeiro. O determinismo é uma hipótese controversa sobre o funcionamento do mundo físico. Nós só poderíamos saber se ele é verdadeiro realizando experimentos de física avançada. Além disso – e esta é outra lição da física do século XX – hoje nós não temos nenhuma boa *evidência* confirmando o determinismo. Em outras palavras, nossas melhores teorias físicas não nos dizem se o determinismo é verdadeiro ou não.

Durante o reinado da física clássica (ou física newtoniana), quase todos acreditavam que o determinismo era verdadeiro. Mas, no final do século XIX e início do século XX, os físicos começaram a descobrir alguns problemas com a teoria de Newton, que acabou sendo substituída por uma nova teoria – *a mecânica quântica*.

(Na verdade, ela foi substituída por duas novas teorias, a saber, a mecânica quântica e a teoria da relatividade. Mas a teoria da relatividade não é relevante para o tema do livre-arbítrio.) A mecânica quântica tem várias características estranhas e interessantes, mas a mais importante para o livre-arbítrio é que essa nova teoria contém leis que são *probabilísticas* ao invés de determinísticas. É fácil entender o que isso significa. Em linhas gerais, as leis determinísticas da natureza têm a seguinte forma:

> Se você tem um sistema físico em um estado S, e se você realizar um experimento E nesse sistema, então você obterá o resultado R. Sob as mesmas condições, você sempre obterá o mesmo resultado R.

Mas a física quântica contém leis probabilísticas com forma semelhante a esta:

> Se você tem um sistema físico em um estado S, e se você realizar um experimento E nesse sistema, há dois possíveis resultados diferentes, R1 e R2; além disso, há 50 por cento de chance de que você obtenha o resultado R1 e 50 por cento de chance que você obtenha o resultado R2.

É importante notar quais são as consequências disso. Imagine que nós coloquemos um sistema físico em um estado S, e realizemos o experimento E. Agora suponha que, quando realizamos esse experimento, nós obtemos o resultado R1. Finalmente, suponha que nós façamos a seguinte pergunta: "Por que obtivemos o resultado R1 em vez de R2?" O ponto importante a ser observado é que *a mecânica quântica não responde a essa pergunta*. Ela não nos dá absolutamente nenhuma explicação para o fato de termos obtido o resultado R1 em vez de R2. Em outras palavras, no que diz respeito à mecânica quântica, pode ser que *nada tenha causado o resultado* R1; pode ser que ele simplesmente tenha *acontecido*.

Para Einstein, isso não poderia ser a história toda. Você provavelmente já ouviu que uma vez ele disse que "Deus não joga dados com o universo". O que ele estava dizendo é que as leis fundamentais da natureza não poderiam ser probabilísticas. As leis fundamentais, Einstein pensava, têm que nos dizer o que *acontecerá*, e não o que *provavelmente* acontecerá, ou o que *pode* acontecer. Então Einstein acreditava que a realidade teria uma *camada oculta*, abaixo do nível quântico, e que, se pudéssemos encontrar essa camada oculta, poderíamos nos livrar das leis probabilísticas da mecânica quântica e substituí-las por leis *determinísticas*, leis que dizem o que *acontecerá* em seguida, e não apenas o que *provavelmente* acontecerá. E, claro, se pudéssemos fazer isso – se pudéssemos encontrar essa camada oculta e essas leis determinísticas da natureza – então nós seríamos capazes de explicar por que obtivemos o resultado R1 em vez de R2.

Mas muitos outros físicos – mais notavelmente, Werner Heisenberg e Niels Bohr – discordaram de Einstein. Eles pensavam que a camada quântica da realidade era a camada *mais inferior*. E eles pensavam que as leis fundamentais da natureza – ou, de qualquer modo, *algumas* dessas leis – eram leis probabilísticas. Mas, se isso estiver correto, então pelo menos alguns eventos físicos não são causados de forma determinística por eventos anteriores. Isso significa que alguns eventos físicos *simplesmente acontecem*. Por exemplo, se Heisenberg e Bohr estão corretos, então nada nos levou a obter o resultado R1 em vez de R2; não houve nenhuma *razão* para que isso acontecesse; isso simplesmente *aconteceu*.

O debate entre Einstein, de um lado, e Heisenberg e Bohr, do outro, é de importância crucial para nossa discussão. Einstein é um determinista. Se ele estiver correto, então cada evento físico é predeterminado – ou, em outras palavras, completamente causado por eventos anteriores. Mas se Heisenberg e Bohr estiverem corretos, então o determinismo é falso. Na opinião deles, nem todo evento é predeterminado pelo passado e pelas leis da natureza; algumas coisas simplesmente *acontecem*, sem que haja nenhum motivo para isso. Ou seja, se Heisenberg e Bohr estiverem corretos, então o *indeterminismo* é verdadeiro.

E aqui está o ponto realmente importante para nós. O debate entre os deterministas, como Einstein, e os indeterministas, como Heisenberg e Bohr, nunca foi resolvido. Nós não temos nenhuma boa evidência que confirme uma tese ou a outra. A mecânica quântica ainda é nossa melhor teoria do mundo subatômico, mas nós simplesmente não sabemos se há outra camada de realidade abaixo da camada quântica. E, assim, não sabemos se todos os eventos físicos são completamente causados por eventos anteriores. Em outras palavras, não sabemos se o determinismo ou o indeterminismo é verdadeiro. Os físicos talvez consigam encontrar no futuro a resposta para essa questão, mas hoje nós não a conhecemos.

Mas, agora, note que, se não sabemos se o determinismo é verdadeiro ou falso, então isso destrói completamente o argumento clássico contra o livre-arbítrio. Esse argumento simplesmente assume que o determinismo é verdadeiro. Mas agora sabemos que não há nenhuma boa razão para acreditar nisso. É uma questão em aberto para os físicos se o determinismo é verdadeiro ou não. Em consequência, o argumento clássico contra o livre-arbítrio não é válido – ele não nos dá nenhuma boa razão para concluir que não temos livre-arbítrio.

Os Argumentos Novos e Melhorados Contra o Livre-Arbítrio

Nós acabamos de descobrir que o argumento clássico contra o livre-arbítrio não é válido. Mas isso não fez os inimigos do livre-arbítrio desistirem. Eles ainda pensam que há um argumento poderoso contra o livre-arbítrio. Na verdade, eles pensam que há *dois* argumentos. Ambos os argumentos podem ser vistos como tentativas de corrigir o argumento clássico, mas, como veremos, eles tentam fazer isso de formas completamente diferentes.

O Primeiro Argumento Contra o Livre-Arbítrio: O Argumento Aleatório-ou-Predeterminado

O primeiro argumento contra o livre-arbítrio é baseado na ideia de que, mesmo se o determinismo não for verdadeiro, ainda assim não teremos livre-arbítrio. Para ver por que muitas pessoas acreditam nisso, voltemos para sua decisão de pedir um sorvete de chocolate. Há duas possibilidades diferentes aqui:

1 Sua escolha foi causada por eventos anteriores.

2 Sua escolha não foi causada por eventos anteriores.

O problema é que parece que *ambas* essas possibilidades são incompatíveis com a ideia de que você decidiu por sua livre vontade. Agora, nós já vimos que a primeira possibilidade é incompatível com o livre-arbítrio porque esse é apenas o caso em que sua escolha foi totalmente predeterminada pelo passado. No que precisamos pensar, então, é na segunda possibilidade – no caso em que sua escolha *não foi* causada por eventos anteriores. Nesse caso, sua decisão continua sendo um evento neural que ocorreu em seu cérebro, mas agora estamos supondo que nada provocou sua ocorrência. Nada a *fez* acontecer. Ela simplesmente *aconteceu*. Os neurônios poderiam ter disparado de uma forma diferente – eles poderiam ter disparado de uma forma que teria feito você escolher baunilha – mas, no caso concreto, isso não aconteceu. Eles dispararam de uma maneira que fez você escolher chocolate.

Mas espere. Dizer que sua decisão *simplesmente aconteceu* é a mesma coisa que dizer que ela aconteceu ao acaso, *de forma aleatória*. Mas, se sua decisão ocorreu de forma aleatória, isso não é mais compatível com o livre-arbítrio do que se ela tivesse sido predeterminada por eventos anteriores. Pense nisso por um minuto. Se sua decisão simplesmente apareceu aleatoriamente em seu cérebro, então como pode ser correto dizer que você escolheu por sua livre vontade? Isso não faria qualquer sentido. Dizer que você escolheu por sua livre vontade é dizer que você foi responsável pela escolha, que estava no controle da escolha. Mas nada disso é verdade se a decisão simplesmente apareceu ao acaso em seu cérebro. Portanto, parece claro que, se nossas decisões ocorrem de forma aleatória – se elas simplesmente aparecem ao acaso em nossos cérebros – então não temos livre-arbítrio.

Isto dá origem a um poderoso argumento contra o livre-arbítrio. Há apenas duas possibilidades aqui – nossas decisões ou são causadas por eventos anteriores ou não são causadas por eventos anteriores – e *ambas* as possibilidades excluem o livre-arbítrio. Se nossas decisões *são* causadas por eventos anteriores, então elas não são produto de nosso livre-arbítrio porque elas são predeterminadas pelo passado. E se elas *não* são causadas por eventos anteriores, então elas não são produto de nosso livre-arbítrio porque elas simplesmente *acontecem* – porque elas simplesmente aparecem aleatoriamente em nossos cérebros. Então, em ambos os casos, nós não temos livre-arbítrio.

Esse é o primeiro argumento contra o livre-arbítrio. Vamos chamá-lo de *argumento aleatório-ou-predetermi-*

nado. Ele é um argumento extremamente poderoso; ele é muito mais formidável do que o argumento clássico e, nos últimos anos, se tornou muito mais popular, especialmente entre os filósofos profissionais.

Antes de passar para o segundo argumento contra o livre-arbítrio, eu quero fazer dois comentários rápidos sobre o argumento aleatório-ou-predeterminado. Primeiro, a conclusão desse argumento não é apenas que nós não *temos* livre-arbítrio. É que o livre-arbítrio é impossível. De fato, se o argumento aleatório-ou-predeterminado estiver correto, então a ideia de livre-arbítrio é *incoerente*. Para que uma decisão seja verdadeiramente livre, ela tem que satisfazer duas condições diferentes:

(i) Ela não pode ser predeterminada por eventos anteriores.

(ii) Ela não pode ser aleatória.

Mas a essência de todo o argumento aleatório-ou-predeterminado é que é literalmente *impossível* satisfazer essas duas condições ao mesmo tempo. A ideia é que, se nossas decisões *são* causadas, então elas não satisfazem a condição (i), e se elas *não* são causadas, então elas não satisfazem a condição (ii).

O segundo comentário que eu gostaria de fazer sobre o argumento aleatório-ou-predeterminado é que eu o simplifiquei um pouco. Se você estiver curioso sobre isso, você pode ler esta seção, em que explico o que eu simplifiquei e como é a versão não simplificada do argumento. Quero avisá-lo com antecedência, no entanto, que esta seção trata de detalhes formais que não são muito importantes e que, além disso, ela não é realmente necessária para o resto do livro. Então, se você não está interessado em detalhes de pouca importância, você pode pular para a próxima seção e ler a partir daí. Você não deixará de ver nada que tenha interesse para o resto do livro.

Para entender a simplificação, a primeira coisa que precisamos fazer é distinguir dois tipos diferentes de causalidade – a causalidade *determinística* e a causalidade *probabilística*. Podemos definir esses dois tipos de causalidade da seguinte forma:

> A. Dizer que um evento foi causado *deterministicamente* por eventos anteriores é dizer que ele foi *completamente* causado por eventos anteriores. Em outras palavras, é dizer que ele foi *totalmente* predeterminado, de modo que os eventos anteriores o *obrigaram* a acontecer do único modo como poderia ter acontecido.

B. Dizer que um evento foi causado *probabilisticamente*, por outro lado, é dizer que ele foi causado por eventos anteriores, mas que esses eventos anteriores não garantiram que ele necessariamente aconteceria. Em vez disso, os eventos anteriores simplesmente *aumentaram a probabilidade* de que o evento em questão acontecesse.

Diante disso, parece que, a rigor, quando os inimigos do livre-arbítrio apresentam o argumento aleatório-ou-predeterminado contra o livre-arbítrio, eles precisam distinguir *três* possibilidades, e não duas. Para qualquer decisão, as três possibilidades são as seguintes:

1. A decisão é completamente causada (ou causada deterministicamente) por eventos anteriores.

2. A decisão não teve absolutamente nenhuma causa.

3. A decisão é probabilisticamente (mas não deterministicamente) causada por eventos anteriores.

Da forma como eu o apresentei, o argumento aleatório-ou-predeterminado consiste em defender que as duas primeiras possibilidades são incompatíveis com o livre-arbítrio. Mas, a rigor, os autores desse argumento precisam argumentar que *também* a terceira possibilidade é incompatível com o livre-arbítrio. Mas não é muito difícil fazer isso. Os inimigos do livre-arbítrio podem dizer algo parecido com isto:

> Se uma decisão for probabilisticamente causada, mas não deterministicamente causada, então ela em parte teve causa e em parte não teve causa. Mas, na medida em que tem causa, ela não é livre, porque ela foi predeterminada; e, na medida em que não tem causa, ela não é livre porque é aleatória. Assim, a terceira possibilidade não é mais compatível com o livre-arbítrio do que as duas primeiras, porque ela é realmente apenas uma combinação das duas primeiras.

Assim, a diferença entre as versões simplificada e não simplificada do argumento aleatório-ou-predeterminado é de que esse último inclui uma discussão sobre a terceira possibilidade. Mas isso realmente não muda muito as coisas. Isso não muda a *impressão* intuitiva que temos do argumento aleatório-ou-predeterminado e, mais importante para nós, não muda a forma como *avaliamos* o argumento. Então, só para facilitar as coisas, ignorarei essa complicação; em outras palavras, no resto do livro, quando eu falar sobre o argumento aleatório-ou-predeterminado, eu estarei falando sobre sua versão *simplificada* – aquela que discute as duas primeiras possibilidades e ignora a terceira.

O Segundo Argumento Contra o Livre-Arbítrio: O Argumento Científico

O segundo argumento contra o livre-arbítrio é baseado na seguinte afirmação:

> Há forte evidência empírica para a ideia de que nossas ações e decisões são completamente causadas por eventos inconscientes sobre os quais não temos controle.

Os primeiros indícios disso foram encontrados pelos psicólogos, que descobriram que muitas de nossas ações e decisões são causadas por coisas de que não temos sequer consciência. Nós já sabíamos há muito tempo, por exemplo, que nosso comportamento pode ser influenciado por coisas como mensagens subliminares. Além disso, quando nosso comportamento é influenciado por coisas desse tipo, construímos histórias elaboradas (ou, como dizem os psicólogos, *confabulamos* histórias) para explicar por que fizemos o que fizemos. *Pensamos* que essas explicações são verdadeiras, mas elas não são; elas são completamente falsas. Em suma, os psicólogos acumularam ampla evidência de que muitas vezes estamos totalmente equivocados sobre a razão que nos leva a fazer o que fazemos.

Nós todos já ouvimos as histórias desses estudos. Se o proprietário de um cinema insere um único quadro com a foto de um saco de pipoca no meio de um filme, as pessoas no cinema não perceberão nada conscientemente, mas elas estarão muito mais propensas a se levantar e ir comprar pipoca. Esses estudos podem ser muito deprimentes. Eles podem fazer você sentir vergonha de ser humano. (E, para ser honesto, essa coisa toda me deixa com um pouco de medo de ir ao cinema. Quero dizer, Deus sabe que tipo de coisas estranhas eles podem me levar a fazer. Eu posso até ouvir as perguntas perplexas da minha esposa mais tarde: "Querido... Acabei de receber uma ligação da Sra. Kravitz. Você entrou de fininho na casa dos nossos vizinhos e colocou o meu creme de eczema no congelador deles?")

Em todo caso, para voltar à discussão do argumento científico contra o livre-arbítrio, a evidência mais convincente aqui não vem dos psicólogos, mas dos neurocientistas. Eles descobriram alguns eventos neurais que ocorrem em nossas cabeças – alguns eventos *cerebrais* inconscientes, puramente físicos – que ocorrem *antes* de *tomarmos* nossas decisões conscientes, e que parecem determinar quais serão essas decisões. Em outras palavras, as ocorrências neurais em questão parecem ser as causas físicas de nossas decisões.

Vários experimentos neurocientíficos são relevantes aqui, mas o primeiro desses experimentos, e o mais famoso deles, foi realizado por Benjamin Libet em 1983, baseado em uma descoberta neurocientífica anterior, de 1960. Havia sido descoberto que as decisões conscientes estão associadas a um determinado tipo de atividade cerebral conhecida como *potencial de prontidão*. (Não importa realmente o que seja o potencial de prontidão, mas, para os curiosos, ele é uma mudança de potencial elétrico que pode ser medida no couro cabeludo.) No estudo de Libet, os voluntários se sentavam à frente de um relógio grande, especialmente projetado, que media o tempo em milissegundos. Os voluntários recebiam instruções para dobrar os pulsos sempre que sentissem vontade de fazê-lo, e anotassem o momento exato em que isso ocorria. Enquanto isso, Libet usava um aparelho de eletroencefalograma para monitorar o cérebro dos voluntários. Ele descobriu que o potencial de prontidão – a atividade física do cérebro associada a nossas decisões – surgia cerca de meio segundo *antes* da intenção consciente de mover o punho.

Esses estudos se tornaram imediatamente famosos e têm sido extremamente influentes desde então. Eles são tão importantes porque muitas pessoas pensam que eles ferem mortalmente o livre-arbítrio. O argumento aqui é simples. Ele pode ser apresentado da seguinte forma:

> Quando você executa uma ação, se você só toma uma decisão consciente de agir *depois* que as causas físicas de sua ação já foram colocadas em movimento, então a ideia de que você tem livre-arbítrio é uma ilusão. Simplesmente não faz sentido dizer que você decidiu dobrar o punho por sua própria vontade se as causas físicas de sua ação já estavam em movimento antes de você fazer sua escolha consciente.

Nos trinta anos desde que Libet publicou seus primeiros resultados, vários outros cientistas realizaram experimentos semelhantes. Eles mudaram a configuração experimental de várias formas e produziram alguns resultados muito interessantes. Mas os estudos subsequentes mais impressionantes foram realizados muito recentemente por J. D. Haynes. Os voluntários de Haynes ficavam sentados à frente de dois botões, um para a mão esquerda e o outro para a mão direita, e recebiam instruções para decidir em algum momento se pressionariam o botão esquerdo ou o botão direito e para, assim que tomassem sua decisão, pressionar o botão escolhido. Usando ressonância magnética em vez de eletroencefalografia, Haynes mapeou áreas de atividade cerebral inconsciente que permitiam prever se os voluntários pressionariam o botão esquerdo ou direito e descobriu que essa atividade surgia *de sete a dez segundos antes* de a pessoa tomar a decisão consciente de pressionar um botão.

Isso é espantoso. Se você está prestes a escolher entre duas opções, e se alguém, ao ver seu cérebro, pode prever qual das duas opções você escolherá *sete segundos ou mais antes de você fazer sua escolha consciente*, então é evidente que não é a decisão consciente que determina o que você irá fazer. Sua escolha já estava determinada antes de você tomar a decisão. E, se isso estiver correto, então é difícil ver como faz algum sentido dizer que você tem livre-arbítrio.

Os Dois Argumentos em Poucas Palavras

Em suma, existem dois argumentos diferentes para a conclusão de que nós não temos livre-arbítrio. Eles podem ser apresentados da seguinte forma:

> *O argumento aleatório-ou-predeterminado contra o livre-arbítrio* Nossas decisões ou são causadas por eventos anteriores ou *não* são causadas por eventos anteriores. Se elas *são* causadas por eventos

anteriores, então elas não são produto de nosso livre-arbítrio, porque elas são predeterminadas por acontecimentos anteriores. E se elas *não* são causadas por eventos anteriores, então elas não são produto de nosso livre-arbítrio, porque elas acontecem *de forma aleatória* e não faz sentido dizer que temos livre-arbítrio se nossas escolhas simplesmente se formam ao acaso em nossos cérebros.

O argumento científico contra o livre-arbítrio Há forte evidência científica (da psicologia e da neurociência) que confirma a afirmação de que nossas decisões conscientes são completamente causadas por eventos que ocorrem *antes* de nós escolhermos, que estão completamente fora de nosso controle e sobre os quais, de fato, nós somos completamente inconscientes.

É interessante notar que esses dois argumentos podem ser vistos como tentativas de corrigir o argumento clássico contra o livre-arbítrio. O argumento clássico começou assumindo que o determinismo é verdadeiro e argumentando que isso exclui o livre-arbítrio. O problema com esse argumento é que nós não temos nenhuma boa razão para acreditar que o determinismo seja realmente verdadeiro. Mas, levando isso em conta, podemos pensar que os defensores do argumento aleatório-ou-determinado estão reagindo a essa crítica ao argumento clássico dizendo o seguinte:

> Não importa se o determinismo é verdadeiro, porque o indeterminismo é tão incompatível com o livre-arbítrio quanto o determinismo.

E podemos pensar que os defensores do argumento científico respondem à mesma crítica dizendo o seguinte:

> Não importa se a hipótese do determinismo completo é verdadeira, porque não importa se *todos* os eventos são predeterminados por acontecimentos anteriores. Tudo o que importa é saber se *nossas decisões* são predeterminadas por acontecimentos anteriores. E o âmago do argumento científico contra o livre-arbítrio é que temos um bom conjunto de evidências que indicam que elas *são*.

Finalmente, é importante notar que, enquanto o argumento científico é (obviamente) um argumento *científico*, o argumento aleatório-ou-predeterminado *não* é um argumento científico. Ele não se fundamenta em nenhuma evidência científica. Ele é um argumento *filosófico*.

3

A RELIGIÃO PODE SALVAR O LIVRE-ARBÍTRIO?

Talvez pareça que poderíamos responder aos argumentos contra o livre-arbítrio adotando a concepção espiritual-religiosa dos seres humanos. Em particular, você pode pensar que poderíamos responder dizendo algo parecido com isto:

> *Resposta espiritual-religiosa aos argumentos contra o livre-arbítrio* Os argumentos contra o livre-arbítrio que foram apresentados no capítulo 2 parecem supor que os seres humanos são entidades puramente físicas, constituídos apenas por partículas físicas, que se movem de acordo com as leis da física. Bem, se você vê os seres humanos dessa forma, não é de admirar que não haja espaço para o livre-arbítrio. Mas há outra concepção do ser humano, a concepção espiritual-religiosa, segundo a qual cada um de nós possui uma alma não física

> que é distinta do corpo físico. Se isso é verdade, então os seres humanos não estão sujeitos às leis da física da mesma maneira que as bolas de bilhar estão. Uma decisão humana consciente é fundamentalmente diferente de uma tacada de bilhar. Uma tacada de bilhar é um evento puramente físico. Mas uma decisão consciente não é puramente física. Ela é algo que uma pessoa faz. É um ato que é executado por uma alma não física. E por isso não é regida pelas leis da física.

Quero dizer duas coisas em resposta a isso, uma muito breve e a outra um pouco mais longa. A observação rápida é apenas que, mesmo se for verdade que podemos evitar os argumentos contra o livre-arbítrio adotando a concepção espiritual-religiosa dos seres humanos, isso só será uma resposta plausível para parte da população, porque há muitas pessoas lá fora (eu entre elas) que não acreditam na concepção espiritual-religiosa. Assim, para essas pessoas, ainda é necessário responder se há alguma outra forma de refutar os argumentos contra o livre-arbítrio.

A segunda observação, mais longa, que eu quero fazer aqui, é que eu não acho que a resposta espiritual-religiosa para os argumentos contra o livre-arbítrio se sustente. Em outras palavras, mesmo se acreditarmos que cada um de nós possui uma alma não física, eu não acho que podemos usar isso para refutar os argumentos contra o livre-arbítrio. Podemos entender por que isso acontece reexaminando os dois argumentos contra o livre-arbítrio e vendo como eles continuam de pé, mesmo se assumirmos que as pessoas têm almas não físicas. Farei isso um pouco mais à frente. Mas primeiro quero fazer uma observação preliminar. Quero explicar por que ainda pode fazer sentido dizer que nossas decisões têm causas, mesmo se adotarmos a concepção espiritual-religiosa dos seres humanos.

A Causalidade das Decisões e a Concepção Espiritual-Religiosa dos Seres Humanos

Mesmo se a concepção espiritual-religiosa dos seres humanos for verdadeira, isso não quer dizer que nossas decisões e ações não tenham causas. Para compreender melhor isso, considere a seguinte história:

> Tracy quer ir para casa visitar sua mãe. Ela pode ir de avião ou de trem. Mas Tracy tem um medo intenso e irracional de voar; cada vez que ela pensa em voar, ela vê imagens vívidas de seu avião caindo do céu como um saco de areia e explodindo com o

impacto no chão; ela se vê, com clareza cristalina, sendo arremessada dos destroços em chamas e terminando espetada em uma haste de milho no meio de uma fazenda em Iowa. Por outro lado, Tracy adora trens; ela sempre sonhou em viajar pelo coração da América e apreciar as paisagens olhando da janela de um vagão-restaurante, e tem fantasias estranhas que se passam em caldeiras com homens usando bonés de maquinista. (Ela não sabe que realmente só navios têm caldeiras, e não trens, e seu analista não quer desfazer essa ilusão por medo de que isso possa desencadear um "episódio".) Finalmente, Tracy acredita que uma passagem de trem será mais barata do que uma passagem de avião. Ela tem consciência de que a viagem de trem demora um pouco mais – para ser preciso, demora doze horas em vez de duas, mas Tracy não se importa com isso. Na verdade, ela gosta da ideia. Ela acha que seria bom relaxar no trem por um dia antes de ver sua mãe, que pode ser... bem, digamos apenas que ela pode ser difícil e deixar por isso mesmo. Então Tracy decide comprar uma passagem de trem em vez de uma passagem de avião.

A decisão de Tracy de comprar uma passagem de trem foi causada por alguma coisa? A resposta óbvia é que foi. Ela foi causada por seu amor a trens, por seu medo de voar, por acreditar que uma passagem de trem seria mais barata e por seu desejo de passar um dia no trem antes de ver sua mãe. Em suma, parece que a decisão de Tracy foi causada por suas crenças, desejos, medos e assim por diante. E aqui está o ponto realmente importante para nós: isso parece ser verdade independentemente de acreditarmos em almas não físicas. Agora, o que eu quero finalmente ressaltar aqui é que os defensores da concepção espiritual-religiosa podem dizer que a decisão de Tracy foi causada por suas crenças, desejos e assim por diante. Mas, primeiro, façamos uma pausa por um minuto para ter certeza que está claro que os defensores da concepção científico-materialista também podem dizer que a decisão de Tracy foi causada por essas coisas. Pode parecer que eles não podem dizer isso; pode parecer que os defensores da concepção científico-materialista têm que dizer o seguinte:

> Nossas decisões são eventos físicos. Em particular, elas são eventos neurais. Então, se nossas decisões são causadas por alguma coisa, elas têm que ser causadas por outros eventos físicos, e não por coisas como crenças, desejos e medos.

Essa é uma confusão muito comum. Os defensores da concepção científico-materialista acreditam que as decisões são físicas, mas eles também acreditam que as crenças, desejos e medos são físicos. Pense, por exemplo, em suas crenças. Se adotarmos a concepção científico-materialista dos seres humanos, então temos que dizer que nossas crenças estão armazenadas em nossos cérebros. Em particular, elas estão codificadas em vias neurais. Então, elas são físicas. E assim a concepção científico-materialista dos seres humanos é perfeitamente compatível com a ideia de que nossas decisões podem ser causadas por nossas crenças, desejos e assim por diante.

Mas o ponto que realmente quero destacar aqui é que os defensores da concepção espiritual-religiosa podem dizer que nossas decisões são causadas por nossas crenças, desejos e assim por diante. Agora, eles provavelmente não dirão que as crenças e desejos são coisas físicas, mas, apesar disso, eles ainda podem dizer que nossas decisões são causadas por essas coisas. Por exemplo, eles podem dizer que a decisão de Tracy foi causada por seu medo de voar, e por acreditar que uma passagem de trem seria menos dispendiosa, e por seu desejo de ver sua mãe, e assim por diante.

Pode ser um pouco difícil descobrir no que *consiste* esse tipo de causalidade. Afinal de contas, uma vez que os defensores da concepção espiritual-religiosa sustentam que as crenças e desejos são estados não físicos de uma alma não física, e uma vez que eles também sustentam que as decisões são ações não físicas de uma alma não física, parece que eles terão que sustentar que a causalidade de que estamos falando aqui é uma espécie de causalidade *não física*. E você pode pensar que a ideia de causalidade não física é enigmática. Talvez. Mas eu quero assumir, apenas para argumentar, que isso faz sentido. Digo isso no espírito de aceitar, tanto quanto possível, os pressupostos dos defensores da concepção espiritual-religiosa. Eu não estou dizendo que eles *têm* que adotar a ideia de que nossas decisões podem ser causadas por crenças, desejos e assim por diante. Mas, para fins do presente argumento, se os defensores da concepção espiritual-religiosa *quiserem* dizer que nossas decisões são causadas por nossas crenças, desejos e assim por diante, eles *podem* fazer isso.

OK, esse é o pano de fundo da discussão. Agora eu quero mostrar que os dois argumentos contra o livre-arbítrio – o argumento aleatório-ou-predeterminado e o argumento científico – ainda continuam de pé, mesmo se adotarmos a concepção espiritual-religiosa dos seres humanos. Começaremos com o argumento aleatório-ou-predeterminado.

O Argumento Aleatório-ou-Predeterminado Contra o Livre-Arbítrio (Versão Espiritual-Religiosa)

Voltemos para sua decisão de comprar o sorvete de chocolate em vez de baunilha. E suponhamos, apenas para argumentar, que você tem uma alma não física. No entanto, mesmo supondo que você tem uma alma não física, podemos ainda dizer que sua decisão ou foi causada por eventos anteriores ou não foi causada por eventos anteriores. Se ela foi causada por eventos anteriores, ela foi provavelmente causada por coisas como suas crenças, desejos e assim por diante. Talvez você acredite que comer chocolate traga certos benefícios para a saúde e que estes benefícios podem neutralizar o impacto negativo do açúcar e da gordura do sorvete. Ou talvez você tenha um forte desejo de sentir a maravilhosa sensação provocada pelo contato do chocolate com sua língua. Ou o que quer que seja. Você provavelmente tem um monte de crenças, desejos, preferências e assim por diante que podem ser relevantes para sua decisão, e o primeiro ponto a ser observado aqui é que essas coisas ou causaram sua decisão de pedir um sorvete de chocolate ou não a causaram.

Se sua decisão foi de fato causada por suas crenças, desejos e assim por diante, então ela não foi produto de seu livre-arbítrio, porque ela foi *predeterminada*. Em outras palavras, nesse cenário, sua escolha não era livre, porque o que você faria já estava determinado *antes* de você tomar sua decisão consciente.

Por outro lado, se sua decisão *não foi* causada por nada, então ela simplesmente *aconteceu*. Em outras palavras, ela aconteceu *de forma aleatória*. E como nós já vimos, não faz sentido dizer que você escolheu por sua livre vontade se sua decisão ocorreu de forma aleatória, se ela *simplesmente aconteceu*.

Dessa forma, parece que, nas duas hipóteses, sua decisão não foi produto de seu livre-arbítrio. E isso é verdade mesmo se você tiver uma alma não física. Além disso, a mesma coisa pode ser dita a respeito de *todas* nossas decisões. Mesmo se possuirmos almas não físicas, ainda será verdade que nossas decisões ou são causadas por eventos anteriores ou não são causadas por eventos anteriores. E assim o argumento aleatório-ou-predeterminado contra o livre-arbítrio ainda está de pé, mesmo se assumirmos que a concepção espiritual-religiosa dos seres humanos está correta.

O Argumento Científico Contra o Livre-Arbítrio (Versão Espiritual-Religiosa)

É ainda mais fácil ver que a concepção espiritual-religiosa não nos dá uma maneira de refutar o argumento

Mesmo se possuirmos almas não físicas, ainda será verdade que nossas decisões ou são causadas por eventos anteriores ou não são causadas por eventos anteriores.

científico contra o livre-arbítrio. Mesmo se assumirmos que todos nós temos almas não físicas, ainda é verdade que as pessoas podem ser influenciadas por coisas como mensagens subliminares. E ainda é verdade que os neurocientistas, olhando para sua atividade cerebral, podem prever seu comportamento antes de você tomar suas decisões. Temos *evidências* científicas para essas afirmações. E elas parecem contradizer a ideia de que temos livre-arbítrio, não importando se temos almas não físicas ou não.

Na verdade, as descobertas da neurociência parecem ser provas contra a concepção espiritual-religiosa dos seres humanos. Pense a respeito. Se seu cérebro está causando suas ações antes de sua consciência entrar em cena, então qual seria o *papel* de uma alma não física? O que ela estaria *fazendo*? Eu não quero tentar defender essa posição aqui, mas parece que as descobertas neurocientíficas enfraquecem a *necessidade* de uma alma não física.

Mas, independentemente de isso estar correto ou não, o ponto principal aqui é que a crença em almas não físicas não parece nos dar uma resposta ao argumento científico contra o livre-arbítrio. Mesmo se acreditarmos que temos almas não físicas, se é verdade que os neurocientistas podem prever nossas ações olhando para o que está acontecendo em nosso cérebro *antes* de tomarmos nossas decisões conscientes, então é difícil ver como poderia ser correto dizer que temos livre-arbítrio.

Se a concepção espiritual-religiosa dos seres humanos não nos dá uma forma de responder aos argumentos contra o livre-arbítrio, então precisamos descobrir se há alguma *outra* forma de responder a esses argumentos. E é disso que o restante deste livro tratará.

A FILOSOFIA PODE SALVAR O LIVRE-ARBÍTRIO?

Ao contrário de psicólogos e neurocientistas, a maioria dos filósofos profissionais acredita no livre-arbítrio. E a maioria deles dá a mesma resposta para os argumentos contra o livre-arbítrio. A concepção que esses filósofos compartilham é conhecida como *compatibilismo*. É uma concepção muito antiga, que remonta, pelo menos, aos antigos estoicos gregos. E David Hume, um famoso filósofo escocês do século XVIII, foi responsável por torná-la muito famosa e popular.

Em poucas palavras, o compatibilismo diz que não há incompatibilidade entre o livre-arbítrio e o determinismo. Para nos ajudar a compreender melhor essa ideia, voltemos para sua decisão de pedir um sorvete de chocolate. Suponha, apenas para argumentar, que essa decisão foi totalmente causada por eventos anteriores. Na verdade, assumiremos que o determinismo é verdadeiro, de modo que, há 13 bilhões de anos, logo após ocorrer o Big Bang, já estava estabelecido que você pediria um sorvete de chocolate. Os compatibilistas como Hume acham que, mesmo se isso for verdade, ainda faz sentido dizer que você escolheu o sorvete de chocolate por sua livre vontade.

À primeira vista, é provável que essa afirmação pareça completamente insana, então permita que eu tente fazê-la parecer lógica. De acordo com Hume, é preciso começar perguntando o que *significa* dizer que você escolheu por sua livre vontade. Hume pensa que isso só pode significar uma coisa, a saber:

> Você fez o que *queria* fazer.

Mas o que significa dizer que você "fez o que queria fazer"? Bem, uma coisa aparentemente razoável que podemos dizer sobre isso é que, se seus desejos (ou suas "vontades") *geraram* sua ação, ou sua decisão, então você "fez o que queria fazer" – e, portanto, de acordo com Hume, você agiu livremente. Se isto estiver certo – e os compatibilistas humeanos acham que está – então nós chegamos ao seguinte resultado:

> Se, em geral, suas decisões e ações são *causadas* por seus desejos, então você tem livre-arbítrio.

Agora, de certa forma, isso soa muito razoável. No caso de sua decisão de pedir um sorvete de chocolate, suponha que sua escolha foi causada por seu desejo de experimentar o prazer que sempre acompanha a ingestão de chocolate. Então parece que você fez exatamente o que *queria* fazer e, por isso, parece razoável dizer que você escolheu por sua livre vontade.

Mas perceba que, se Hume está certo sobre isso, então o livre-arbítrio é perfeitamente compatível com o determinismo absoluto. Suponhamos que cada evento seja totalmente causado por eventos anteriores; assim que o Big Bang aconteceu, toda a história do universo já estava escrita. Em particular, já estava determinado que você pediria um sorvete de chocolate quando chegasse sua vez na fila. Ainda assim, não é como se o Big Bang tivesse *diretamente* causado sua decisão. Ele causou sua decisão indiretamente, por meio de uma longa sequência causal de eventos. O Big Bang aconteceu; o que fez outro evento acontecer, que podemos chamar de E2, que, em seguida, fez um terceiro evento acontecer, E3, e assim por diante. Eventualmente, 13 bilhões de anos mais tarde, no final da sequência causal, algo fez você ter *vontade* de sentir certa sensação achocolatada celestial. E então, finalmente, essa vontade fez você pedir um sorvete de chocolate quando você chegou à frente da fila. Tudo foi predeterminado por eventos anteriores.

Mas, mesmo assim, sua decisão foi causada por sua própria vontade. E, dessa forma, você fez o que *queria* fazer. E assim, de acordo com Hume, você teve livre-arbítrio no único sentido razoável do termo.

Isso pode fazer o compatibilismo parecer um pouco mais plausível do que parecia quando nós o encontramos pela primeira vez. Mas, ainda assim, no final das contas, a maioria das pessoas ainda acha que é muito difícil aceitar essa forma de ver as coisas.

Agora, como eu disse antes, o compatibilismo é realmente muito popular entre os filósofos profissionais; de fato, uma pesquisa recente mostrou que 60 por cento dos filósofos profissionais defendem o compatibilismo. Mas, assim que você sai do departamento de filosofia das universidades, torna-se difícil encontrar pessoas que levem esse enfoque a sério. Quando não filósofos ouvem o que é o compatibilismo, sua resposta é, geralmente, rejeitar uma tese tão obviamente falsa e, de fato, quase psicótica. A ideia de que poderia estar certo dizer que você pediu um sorvete de chocolate por sua livre vontade, mesmo se sua decisão foi predeterminada por eventos que ocorreram há bilhões de anos, parece simplesmente absurda para a maioria das pessoas.

Mas, é claro, os filósofos que defendem o compatibilismo não ficam muito impressionados com essa resposta indiferente. De fato, a seu ver, essa indiferença não é sequer uma verdadeira *resposta*; ela é só uma simples rejeição da ideia, sem que seja apresentada qualquer justificativa. A maioria dos compatibilistas diria algo parecido com isto:

> Veja, o compatibilismo pode parecer loucura quando alguém o explica para você pela primeira vez, mas você tem que examinar seus argumentos para ver se eles fazem sentido ou não. Se Hume está correto quando diz que o livre-arbítrio é apenas uma questão de ser capaz de fazer o que você quer, a consequência, por uma *lógica* inescapável, é que o compatibilismo está correto. Assim, a única maneira de rejeitar o compatibilismo humeano é rejeitar a concepção de Hume do que *é* o livre-arbítrio. Mas a concepção de Hume é extremamente plausível. Tudo o que ele está dizendo é que o livre-arbítrio é a capacidade de *fazer o que você quiser*, ou de *agir de acordo com seus desejos*. Então, se você quer rejeitar o compatibilismo, você tem que demonstrar que Hume está, de fato, errado sobre isso.

E, a isso, deixe-me acrescentar outro ponto: o enfoque de Hume não é a única versão do compatibilismo na literatura filosófica. Há muitas outras versões, e a maioria delas tem essencialmente a mesma estrutura – defendendo uma determinada definição para o termo "livre-arbítrio" e provando em seguida, a partir da definição apresentada, que o livre-arbítrio é compatível com o determinismo. Portanto, se queremos refutar o compatibilismo – se nós não queremos simplesmente *ignorá-lo* – então temos que demonstrar que *nenhuma* das várias definições compatibilistas de "livre-arbítrio" está correta. E isso pode dar algum trabalho, já que as definições compatibilistas, em boa parte, parecem muito plausíveis quando você as ouve pela primeira vez.

Assim, parece que estamos entre a cruz e a espada. Parece que temos que escolher entre apenas rejeitar o compatibilismo como obviamente falso (e, portanto, sermos considerados irracionais pelos filósofos profissionais que defendem essa tese) ou nos engajar em uma discussão longa e difícil sobre como o termo "livre-arbítrio" deve ser definido. Mas eu acho que há uma terceira alternativa. O truque é não cair na armadilha de tentar argumentar que o compatibilismo é *falso*; o truque é argumentar, em vez disso, que ele é *irrelevante* – que, mesmo se for verdadeiro, ele simplesmente não importa.

Para ver por que o compatibilismo é irrelevante, é preciso distinguir dois tipos de livre-arbítrio (na verdade, se quisermos, podemos distinguir *vários* tipos

O truque é não cair na armadilha de tentar argumentar que o compatibilismo é *falso*; o truque é argumentar, em vez disso, que ele é *irrelevante* – que, mesmo se for verdadeiro, ele simplesmente não importa.

de livre-arbítrio, mas eu só preciso de dois tipos para nossa discussão). O primeiro tipo de livre-arbítrio é o tipo que Hume tem em mente – ele é a capacidade de fazer o que você quer, ou de agir de acordo com os próprios desejos. Vamos chamá-lo de *livre-arbítrio estilo Hume*. O segundo tipo de livre-arbítrio é o tipo sobre o qual eu venho falando neste livro. Ele é o tipo que você tem se suas decisões não são nem predeterminadas por eventos anteriores, nem completamente aleatórias. Vamos chamá-lo de *livre-arbítrio não predeterminado* ou, de forma abreviada, *livre-arbítrio NPD*.

Dada a distinção entre o livre-arbítrio estilo Hume e o livre-arbítrio NPD, podemos fazer as quatro observações seguintes:

1. O livre-arbítrio estilo Hume é, obviamente, compatível com o determinismo; em outras palavras, é compatível com a ideia de que todas nossas decisões são completamente causadas por eventos que ocorreram no passado distante.

2. O livre-arbítrio NPD, obviamente, *não é* compatível com o determinismo. Na verdade, a própria *definição* de livre-arbítrio NPD deixa claro que ele não é compatível com o determinismo. É por isso que ele é chamado de livre-arbítrio *não predeterminado*.

3. Os seres humanos, obviamente, *têm* livre-arbítrio estilo Hume. Não há nenhuma controvérsia sobre isso. Afinal de contas, o livre-arbítrio estilo Hume é apenas a capacidade de agir de acordo com seus desejos. Qualquer pessoa que já comeu um biscoito porque queria *sabe* que temos *esse* tipo de livre-arbítrio.[1]

4. O que não é nada óbvio é se temos livre-arbítrio NPD. Algumas pessoas pensam que ele é uma ilusão; outros pensam que ele é real. Em suma, há um intenso debate sobre se temos livre-arbítrio NPD. Na verdade, os argumentos contra o livre-arbítrio que discutimos no capítulo 2 – o argumento científico e o argumento aleatório-ou-predeterminado – são mais bem vistos como argumentos contra o livre-arbítrio NPD.

Mas, dadas essas quatro observações, o compatibilismo de Hume parece completamente inútil. Tudo o que ele realmente fez foi apontar o óbvio – que o livre-arbítrio estilo Hume é compatível com o determinismo e que temos livre-arbítrio estilo Hume. Mas isso não muda em nada o fato de que há uma importante questão em aberto sobre se temos livre-arbítrio *NPD*.

Talvez Hume respondesse a isso dizendo que parte de seu argumento é que o que eu estou chamando de "livre-arbítrio estilo Hume" é o *verdadeiro* livre-arbítrio. Respondo a isso da mesma forma que minha filha adolescente responde para mim quando eu lhe digo que ela tem que estar em casa antes da meia-noite: *Escutei*. Eu simplesmente não me *importo* com o que seja o "verdadeiro" livre-arbítrio. Na verdade, eu não sei nem o que *significa* dizer que o livre-arbítrio estilo Hume é o *verdadeiro* livre-arbítrio. Isso soa para mim como uma disputa sobre *palavras*. Eu não me importo com a *expressão* "livre-arbítrio" A questão que me interessa é uma questão sobre *o ser humano* – é a questão de se temos um *tipo* específico de livre-arbítrio, mais especificamente, aquele que eu estou chamando de livre-arbítrio NPD. Mas, francamente, eu não me importo com o nome que damos a esse tipo de livre-arbítrio. Se Hume quer usar a expressão "livre-arbítrio", ele pode *ficar* com ela. Eu posso usar um termo diferente. De fato, no momento eu *estou* usando um termo diferente – eu estou usando "livre-arbítrio NPD". Mas, novamente, não importa se escrevemos "livre-arbítrio NPD" ou apenas "livre-arbítrio". Tudo o que importa é se nós *temos* esse tipo de livre-arbítrio. Essa é a questão importante sobre o livre-arbítrio – saber se os seres humanos têm *livre-arbítrio não predeterminado*.

Você pode responder a isso dizendo que o livre-arbítrio NPD pode ser importante, mas o livre-arbítrio estilo Hume também é importante. Bem, eu acho que isso está correto; eu acho que é extremamente importante que tenhamos livre-arbítrio estilo Hume, e eu nunca sugeriria o contrário. Mas se temos livre-arbítrio estilo Hume *não* é uma questão importante, simplesmente porque nós já sabemos a resposta para essa pergunta. É totalmente *óbvio* que temos livre-arbítrio estilo Hume. A questão interessante – e controversa – é se nós *também* temos livre-arbítrio NPD. E o que eu quero destacar aqui é que essa questão é interessante e importante, *independentemente* do *nome* que nós damos a esse tipo de livre-arbítrio.

Antes de prosseguir, devo dizer que essa resposta a Hume não é nova. Outros filósofos apresentaram ideias semelhantes. Por exemplo, o filósofo alemão do século XVIII Immanuel Kant chamou o compatibilismo humeano de um "malabarismo trivial de palavras" e um "subterfúgio desprezível". E o filósofo americano do século XIX William James disse o seguinte:

> [O Compatibilismo] é um atoleiro de evasão sob o qual a verdadeira questão concreta foi completamente sufocada. ... Não importa o que os [compatibilistas] queiram dizer ao usar a expressão ["livre-arbítrio"] ... existe um problema, uma questão de fato, e não de palavras.[2]

Essas são palavras fortes. Mas note que Kant e James *não* estão dizendo que o compatibilismo é *falso*. Eles estão dizendo que ele é *irrelevante*. Eles estão dizendo que os compatibilistas estão apenas brincando com as palavras e fugindo da verdadeira questão. E isso é exatamente o que eu estou dizendo.

Eu disse há pouco que a questão importante é saber se temos livre-arbítrio NPD e que eu não me importo se usamos ou não a expressão "livre-arbítrio" para nos referir a esse tipo de liberdade. Mas gostaria de salientar que, no resto deste livro, farei exatamente isso. Discutirei se temos livre-arbítrio NPD e usarei o termo "livre-arbítrio" para falar sobre ele. Mas isso é apenas por conveniência – porque seria muito tedioso continuar usando a expressão "livre-arbítrio NPD".

5

O QUE É O LIVRE-ARBÍTRIO, AFINAL?

No último capítulo, distinguimos dois tipos de livre--arbítrio – o livre-arbítrio estilo Hume e o livre-arbítrio não predeterminado. É bastante óbvio que temos livre-arbítrio estilo Hume, mas isso não é muito interessante. A questão interessante é saber se também temos livre-arbítrio não predeterminado. Esse é o tipo de livre-arbítrio que *queremos, mas talvez não tenhamos*; e é também o tipo de livre-arbítrio que é alvo de ataques recentes da psicologia e da neurociência.

Discutirei nos capítulos 6 e 7 se temos esse tipo não predeterminado de livre-arbítrio, mas, antes de chegar lá, precisamos compreender melhor no que *consistiria* esse tipo de livre-arbítrio. Esse será o assunto deste capítulo; tratarei do que *seria* o livre-arbítrio não predeterminado, antes de passarmos à discussão sobre sua existência. (E, de novo, eu em geral deixarei de usar o qualificador "não predeterminado" e passar a chamá-lo simplesmente de *livre-arbítrio*.)

Ter uma melhor compreensão desse tipo de livre-arbítrio será crucial para o restante do livro. Os cientistas que argumentam contra o livre-arbítrio muitas vezes são um pouco confusos sobre o que é o livre-arbítrio. E por isso será muito importante para nós – quando formos avaliar os argumentos contra o livre-arbítrio – ter em mente, de forma clara, *não* confusa, no que consistiria o livre-arbítrio. Por essa razão, eu começarei elucidando quatro confusões que estão frequentemente presentes nas discussões sobre o livre-arbítrio. Em particular, essas confusões estão frequentemente camufladas nas discussões daqueles que argumentam contra o livre-arbítrio.

Quatro Confusões

A Primeira Confusão: Vestígios do Espiritualismo

As pessoas que rejeitam o livre-arbítrio – em sua maioria, psicólogos e neurocientistas – quase sempre adotam a concepção científico-materialista dos seres humanos. Em outras palavras, elas rejeitam a ideia de que temos almas não físicas. Mas quando elas falam sobre os eventos mentais como *decisões* conscientes, elas falam sobre os eventos neurais que *realizam* essas decisões, ou sobre os *correspondentes* neurais de nossas decisões.

Isso é uma confusão completa. Se você não acredita em almas não físicas, você tem que dizer que uma decisão consciente *é* um evento neural. Você não pode dizer que há uma decisão consciente e depois dizer que há *também* um correspondente neural da decisão, como se o evento neural e a decisão consciente fossem duas coisas diferentes. Isso é o que as pessoas religiosas, que acreditam em almas não físicas, deveriam dizer. Mas quando neurocientistas materialistas falam dessa maneira, eles simplesmente estão sendo confusos.

Um exemplo deve ajudar a tornar essa questão mais clara. Pense em Sam Clemens, que é mais conhecido pelo pseudônimo Mark Twain. Imagine alguém dizendo que Mark Twain é o "correspondente literário" de Sam Clemens. Se ouvíssemos alguém dizer isso, coçaríamos a cabeça e responderíamos algo parecido com isto:

> De que diabos você está falando? Mark Twain *é* Sam Clemens. Quando você diz que ele é o "correspondente literário" de Sam Clemens, parece que você acha que existem dois homens diferentes e que existe alguma relação especial entre eles. Mas, é claro, *não* existem dois homens diferentes aqui.

> Existe apenas *um*. Os nomes "Mark Twain" e "Sam Clemens" são apenas dois nomes diferentes para o mesmo homem.

Se você não acredita em almas não físicas, então isso é exatamente o que você tem que dizer sobre sua decisão consciente de pedir um sorvete de chocolate e o "correspondente neural" dessa decisão. É preciso dizer que a decisão consciente *é* apenas o evento neural. Não há duas coisas diferentes aqui; existem apenas duas maneiras diferentes de descrever um único evento. Você pode chamá-lo de um "evento neural" ou de uma "decisão consciente", mas, quando você faz isso, você está apenas dando duas descrições diferentes para uma mesma coisa.

É fácil ver que, se você adota a concepção científico-materialista dos seres humanos, então você é *obrigado* a aceitar essa conclusão. Pense a respeito. A decisão consciente tem que ser um evento *físico* ou um evento *não físico*. Mas se você adota a concepção científico-materialista dos seres humanos, obviamente você não pode dizer que ela é um evento não físico. Você *tem* que dizer que ela é um evento físico. Mas, se uma decisão consciente é um evento físico, então ela tem que ser um evento *neural*. O que mais poderia ser? Não há outros eventos físicos em sua cabeça que poderiam ser decisões.

A Segunda Confusão: O Locus do Livre-Arbítrio

As pessoas que argumentam contra o livre-arbítrio estão muitas vezes em um estado de total confusão sobre como exatamente o livre-arbítrio se manifesta. Em outras palavras, elas estão confusas sobre os momentos exatos, no decorrer de seu dia, nos quais você supostamente exerce seu livre-arbítrio. E, além disso, elas são extremamente *descuidadas* quanto a essa questão. Elas escrevem indiscriminadamente sobre ter livre-arbítrio sobre o que você *pensa*, o que você *faz* e o que você *escolhe*, como se todas essas coisas fossem iguais. Mas elas não são a mesma coisa. Como veremos agora, há diferenças importantes.

Os inimigos do livre-arbítrio às vezes falam sobre ter livre-arbítrio sobre seus *pensamentos*. Eles ressaltam que nós não escolhemos as ideias que nos ocorrem, que cruzam nossas mentes, e, ao dizer isso, eles acham que estão argumentando que não temos livre-arbítrio. Mas quando foi que alguém disse que temos livre-arbítrio sobre nossos pensamentos? Eu não conheço um único defensor do livre-arbítrio, em toda a história da filosofia, que pense que o problema do livre-arbítrio está relacionado com o fluxo de consciência. Nós não decidimos primeiro quais pensamentos queremos pensar para pensá-los *em seguida*. Nós simplesmente *pensamos*. Ninguém nunca sugeriu o contrário. E há uma boa *razão* para isso – nem sequer *parece* que temos livre-arbítrio sobre nossos pensamentos.

Mais importante ainda, quem *desejaria* esse tipo de liberdade? Imagine como seria difícil resolver um problema de matemática se, antes que você pudesse pensar qualquer coisa, você tivesse de *decidir* o que pensaria. Pense como isso seria *inconveniente*. E como seria *irritante*. Ou, pior, como seria fantasiar sobre Marilyn Monroe ou Brad Pitt se, antes que você pudesse ter um pensamento, você tivesse que decidir que teria esse pensamento? Se o livre-arbítrio fosse isso, eu preferiria não ter livre-arbítrio, e acho que não haveria ninguém com opinião diferente.

Dado que o locus do livre-arbítrio não está em nossos pensamentos, a próxima sugestão pode ser que ele esteja em nossas *ações* – que nós temos livre-arbítrio sobre o que *fazemos*. Isso pode ser um *pouco* melhor do que a ideia de que temos livre-arbítrio sobre nossos pensamentos, mas não é muito melhor. Pense em tudo que você faz durante um dia. Apenas no curso de um único *minuto* você pode executar vinte ações. Pense, por exemplo, no que acontece quando você dirige do trabalho ou da escola para casa. Você entra no carro; você coloca seu cinto de segurança; você coloca a chave na ignição; você gira a chave; você coloca o pé no acelerador; você engata a primeira marcha; você olha no espelho; e assim por diante. Nós estamos quase *sempre* fazendo coisas. Nós quase não notamos a maioria delas. Na verdade, às vezes, parece que nós as ignoramos *completamente*. Trinta minutos depois de dar a partida em seu carro, você chega em casa. Ao longo do caminho, você fez todos os tipos de coisas. Você acelerou inúmeras vezes, você pisou no freio, você virou à esquerda, você virou à direita, você mudou de faixa, você deixou a autoestrada pela saída da direita, você ligou a seta, você coçou o rosto, e assim por diante. Você não se *lembra* de ter feito nenhuma dessas coisas. E, o que é mais importante para nossos propósitos, você não tomou *decisões* conscientes antes de fazê-las. Nós não *decidimos* fazer coisas como essas porque nós não *precisamos* decidir. E graças a Deus. Imagine que pesadelo sua vida seria se você tivesse que tomar decisões conscientes para fazer tudo o que faz. Você poderia se esquecer de falar com alguém ao dar uma volta. Sua mente estaria completamente ocupada decidindo como mover suas pernas. Aqui está uma fotografia instantânea de como poderiam ser seus pensamentos se você tivesse que decidir conscientemente antes de fazer tudo o que faz:

> Mova o pé esquerdo para frente. OK, bom, agora o pé direito. Esquerdo novamente. OK. Meu Deus,

homem, cuidado com o buraco na calçada. Você quer torcer o tornozelo? OK, ótimo. Agora, o pé direito novamente. Agora, o pé esquerdo. E não se esqueça de balançar os braços para ajudar a manter o equilíbrio. Pelo amor de Deus, o que os vizinhos pensariam se eles vissem você andando por aí com os braços completamente imóveis?

Eu tenho certeza de que se tivéssemos *esse* tipo de livre--arbítrio, a taxa de suicídios seria consideravelmente maior. Ninguém em sã consciência gostaria de ter que tomar todas essas decisões.

Assim o livre-arbítrio não é exercido sobre o que pensamos *ou* sobre o que fazemos. A próxima sugestão óbvia é que nós temos livre-arbítrio apenas sobre nossas *decisões conscientes*, e nada mais. Agora, na verdade, uma decisão consciente é só um determinado tipo de ação e, por isso, a sugestão aqui é que nós teríamos livre-arbítrio apenas sobre um *subconjunto* de nossas ações (mais especificamente, sobre nossas decisões conscientes). Mas mesmo isso é amplo demais. Para ver por que, considere a seguinte conversa:

Lucy Ei, Charlie, você gostaria que eu espetasse este garfo em sua garganta? Quero dizer, não seria nenhum trabalho para *mim*; eu realmente não me importaria em fazer isso. Mas eu não sei se você quer um garfo na garganta, por isso é você que decide.

Charlie Não, eu acho que vou deixar para outra vez, Lucy. Obrigado por pensar em mim, mas eu prefiro *não* ter um garfo espetado na garganta.

Charlie acaba de tomar uma decisão consciente. Mas sua escolha foi, pelo que podemos dizer, completamente causada por suas crenças, desejos e assim por diante. Em particular, ele acredita que ter um garfo espetado na garganta poderia matá-lo e ele não deseja morrer. Então ele escolheu dispensar a oportunidade de receber um golpe de garfo. Mas, uma vez que sua escolha foi totalmente causada por suas crenças, desejos e assim por diante, Charlie não estava exercendo seu livre-arbítrio no sentido que importa aqui, porque sua decisão já estava predeterminada. Claro, definitivamente Charlie estava exercendo um *tipo* de livre-arbítrio nesse caso; em particular, ele estava exercendo o livre-arbítrio estilo *Hume*. Lembre-se de que vimos no capítulo 4 que o livre-arbítrio estilo *Hume* é apenas a capacidade de *fazer o que queremos*, ou de *agir de acordo com nossos desejos*. Mas, como já vimos, esse não é o tipo de livre-arbítrio em que estamos interessados neste livro. Nós não estamos preocupados em saber se os seres humanos têm livre-arbítrio estilo *Hume*; nós estamos preocupados em saber se eles têm livre-arbítrio *não predeterminado*. Esse é o tipo de livre-arbítrio que nós *queremos, mas podemos não ter*.

Mas agora perceba que quando se trata de decisões como a de Charlie, nós *não* queremos o livre-arbítrio não predeterminado. Em casos como esse, queremos que nossos desejos determinem completamente nossas escolhas. Ou, pelo menos, isso é o que você *deveria* querer. Se você disser que não quer isso, você estará dizendo que você quer ter a oportunidade de *poder* dizer para Lucy que gostaria que ela espetasse o garfo em sua garganta, apesar de não *querer* que ela faça isso. Mas isso é loucura. Certamente o que queremos aqui é que nosso desejo de evitar a morte nos leve à escolha correta. Em outras palavras, em casos como esse, todos nós queremos o livre-arbítrio estilo *Hume*. Nós não queremos o livre-arbítrio não predeterminado.

Portanto, a conclusão de tudo isso é que não é totalmente correto dizer que o livre-arbítrio (ou o tipo de livre-arbítrio de que estamos falando aqui) é exercido sobre nossas decisões conscientes. Existem *alguns* tipos de decisões conscientes (por exemplo, decisões como a de Charlie) em que não temos livre-arbítrio, e nem queremos ter.

Nós estamos finalmente prontos para dizer quando nós *queremos* exercer o livre-arbítrio. Ou melhor, nós estamos prontos para dizer quando queremos o livre--arbítrio *não predeterminado*. Nós queremos exercê-lo apenas em certo *subconjunto* de nossas decisões conscientes. Em particular, queremos exercê-lo no que podemos chamar de decisões *divididas*. Podemos definir o que é uma decisão dividida da seguinte forma:

> Uma *decisão dividida* é uma decisão consciente em que você tem várias opções e você está dividido entre elas, sem ser capaz de decidir qual é a melhor. Mais precisamente, você tem várias opções e as melhores parecem mais ou menos empatadas, e você se sente completamente inseguro – ou completamente dividido – com relação a qual você deve escolher. E você decide *enquanto* ainda se sente dividido.

Deixe-me fazer três comentários rápidos sobre decisões divididas. Em primeiro lugar, perceba que eu estou falando aqui apenas sobre decisões que você toma *enquanto* se sente dividido. Às vezes nós começamos nos sentindo divididos, mas, depois de pensarmos sobre a situação por um tempo, nós encontramos razões para dar preferência a uma das opções, e nós deixamos de nos sentir divididos. Em casos como esse, você não está tomando uma decisão dividida. Em vez disso, você está tomando uma decisão que começou parecendo que poderia ser dividida, mas depois acabou não sendo. Por outro lado, a decisão dividida ocorre quando você decide enquanto ainda está dividido. Por exemplo, no caso do sorvete, você pode decidir se sentindo totalmente dividido entre os sabores chocolate e baunilha. E a razão pela qual você gostaria de escolher enquanto ainda se sente dividido deve ser óbvia; se você chegou até a frente da fila, e todo mundo está esperando, faria muito mais sentido tomar uma decisão dividida – ou seja, *apenas escolher* – do que continuar deliberando ou ficar parado ali até que se tornasse claro para você qual era o sabor que você queria.

Em segundo lugar, é importante lembrar que as decisões divididas são sempre decisões *conscientes*. Portanto, temos que distinguir as decisões divididas do que poderiam ser chamadas de *ações* divididas. Eu estou pensando aqui nos casos em que nós estamos em "situações divididas" e nós as resolvemos sem parar para pensar e sem tomar uma decisão consciente. Aqui estão dois exemplos disso:

(i) Você está dirigindo pela rua quando de repente uma criança corre na frente de seu carro. Você não tem tempo para parar, mas você pode evitar bater na criança virando o volante para a esquerda ou para a direita e não há nenhuma razão óbvia para a escolha de uma ou outra opção. Você vira o volante para a esquerda, sem decidir fazê-lo conscientemente. Em outras palavras, você só *reage*.

(ii) Você vai ao supermercado comprar uma lata de sopa de tomate Campbell. Há cinco latas quase idênticas, uma ao lado da outra na prateleira – sim, como na pintura de Andy Warhol (você é muito inteligente) – e você pega uma lata sem parar para escolher uma delas.

Nós não exercemos nosso livre-arbítrio em casos como esses e, mais uma vez, devemos agradecer a nossas estrelas pela sorte de não termos que exercê-lo. Em casos como (i), seria ruim ter que exercer nosso livre-arbítrio porque, para fazer isso, teríamos que agir *de forma consciente* e, como psicólogos e neurocientistas demonstraram em diversos estudos, a consciência é muito *lenta*. Quando você está em uma situação de emergência (ou quando você está jogando basquete ou algo parecido), você não quer ter a necessidade de empregar sua mente consciente. É muito melhor ter a capacidade de simplesmente *reagir*, de forma inconsciente. Quanto a (ii), nós não queremos livre-arbítrio em casos como esse, mas o motivo é diferente. É porque seria *chato*. Ninguém gostaria de ter que parar e pensar a respeito de qual lata de sopa deveria comprar, porque nós não nos *importamos* com isso – simplesmente não faz diferença qual seja a lata escolhida. Ao nos depararmos com situações divididas, nós só queremos envolver nosso livre-arbítrio quando nos importamos com a decisão. Assim, por exemplo, se você se defronta com uma escolha entre sopa de tomate e sopa de cogumelo, e se você está em dúvida sobre qual gostaria de levar, então você *quer* envolver seu livre-arbítrio consciente. Mas você não quer se dar ao trabalho de fazer isso quando você está escolhendo uma entre duas latas idênticas de sopa de tomate. Você pareceria um imbecil ali de pé no corredor do supermercado, hesitando ao escolher uma das duas latas, pesando-as em suas mãos para tentar descobrir se uma delas talvez tenha um pouco mais de sopa do que a outra.

Em terceiro lugar, é importante ter clareza sobre *quantas vezes* tomamos decisões divididas. A resposta, eu acredito, é várias vezes por dia. Pense em um dia normal. Você pode tomar decisões divididas sobre a possibilidade de comer ovos ou cereal no café da manhã. Ou se dirigirá até o trabalho ou irá de bicicleta. Ou, se você

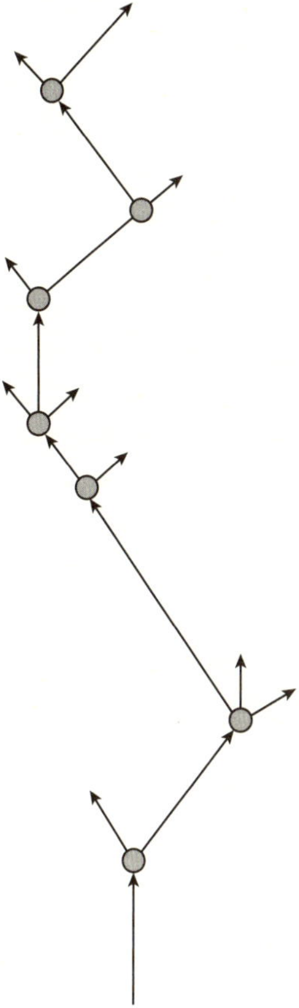

Figura 1

está dirigindo, se vai pelas ruas secundárias ou pela avenida principal. Ou se trabalha durante o almoço ou encontra seu amigo André. Ou se vai ao cinema à noite ou fica em casa. Ou, se você está em um restaurante, você pode tomar uma decisão dividida sobre qual entrada você pedirá.

Mas embora nós tomemos diversas decisões divididas durante o dia, não é como se nós estivéssemos tomando-as *constantemente*. Se você está assistindo a um filme, ou conversando com um amigo no telefone, ou dirigindo para casa do trabalho em "piloto automático", você não está tomando decisões divididas. Mas se você pensar em um dia comum, eu acho que você perceberá que você toma decisões divididas com bastante frequência. Parece que tomamos pelo menos algumas delas todos os dias.

Assim, o quadro que está se formando aqui é a de uma pessoa caminhando durante o dia sem exercer seu livre-arbítrio, mas, de vez em quando – às vezes uma vez por hora, às vezes menos, às vezes mais – ela chega a uma bifurcação na estrada, e tem que tomar uma decisão dividida sobre qual caminho seguirá. Ela escolhe uma das duas estradas e então continua caminhando, sem exercer seu livre-arbítrio, até que encontra outra bifurcação na estrada. Isso está representado graficamente na figura 1.

No diagrama na figura 1, a linha representa o caminho que a pessoa percorreu ao longo da vida. Os pontos representam as decisões divididas. As linhas curtas que saem dos pontos representam os caminhos que a pessoa poderia ter tomado, mas não tomou. E eu sustento que *queremos o livre-arbítrio para os pontos e apenas os pontos*. Esses são os únicos lugares onde *precisamos* de livre-arbítrio e são os únicos lugares onde *queremos* livre-arbítrio. Ou, mais precisamente, os pontos são os únicos lugares onde precisamos e queremos o livre-arbítrio *não predeterminado*.

Deixe-me dizer mais uma coisa sobre decisões divididas antes de prosseguir. As decisões divididas nos exemplos que mencionei aqui são todas de pouca importância. Elas são sobre coisas como escolher se você quer sopa ou salada para acompanhar seu jantar. Considerando isso, você pode concluir que todo o tópico de decisões divididas não é importante. Mas não se engane. Em primeiro lugar, algumas de nossas decisões divididas podem ser muito importantes. Por exemplo, você pode receber uma boa oferta de emprego em uma cidade que você odeia e você pode estar completamente dividido e ter que decidir sem saber o que deve fazer. Em segundo lugar, mesmo caso uma única decisão dividida possa parecer pouco importante, a soma total de *todas* essas decisões começa a parecer importante. Se você não tem controle sobre *nenhuma* das pequenas decisões que toma em sua vida, isso é o mesmo que dizer que você não tem controle sobre sua *vida*. Ter livre-arbítrio é, em grande parte, ter livre-arbítrio sobre um monte de pequenas decisões. E, finalmente, embora essas pequenas decisões divididas possam parecer sem importância enquanto você está deitado no sofá lendo sobre o livre-arbítrio, quando você está realmente *no momento* – quando você está prestes a tomar uma decisão dividida – você não *sente* que elas não têm importância. Imagine, por exemplo, que você está em um restaurante chique e há dois itens no cardápio que parecem muito bons. Você está dividido entre eles, sem saber qual você deve pedir. Claro, sob certo aspecto, realmente não importa o que você pedirá. Afinal de contas, você estará morto em cem anos de qualquer maneira. Mas o fato é que nós nos *importamos* com decisões como essa. Quando o garçom chega à mesa e você está prestes a escolher, você *se importa*. E quando você está no cinema tentando decidir se assistirá *Golpe Mortal* ou *Rochelle, Rochelle*, você também se importa. E eu diria que você *deve* se importar. Quem quer passar a vida sem se importar com coisas como essas? O tédio deixaria você louco. Quero dizer, falemos a verdade; com o que mais você se importaria na maior parte do tempo?

A Terceira Confusão: Apenas um Determinado Aspecto de Nossas Decisões Divididas Precisa Ser Indeterminado

Suponha agora que sua decisão de pedir um sorvete de chocolate foi uma decisão *dividida*, que, quando você decidiu pedir um sorvete de chocolate, você estava se sentindo totalmente dividido entre os dois sabores, se escolheria chocolate ou baunilha. Nós já sabemos que, para que essa decisão tenha sido um produto de seu livre-arbítrio, ela não pode ter sido completamente causada ou predeterminada por eventos anteriores. Mas é importante notar que apenas um determinado *aspecto* da decisão precisa ser indeterminado. Para entender melhor isso, considere a seguinte possibilidade:

> *Possível estado das coisas* Quando você chegou à frente da fila, você já tinha decidido que pediria um sorvete. Você estava com fome, e você tinha passado o dia todo com vontade de tomar sorvete. Não havia nenhuma dúvida sobre isso – você tinha decidido pedir um sorvete. Na verdade, no possível cenário que eu estou imaginando, seus desejos *fizeram*, de forma absoluta, você pedir um sorvete. Agora, quando você entrou na fila, você notou que havia trinta e um sabores que você poderia esco-

> lher. Mas, enquanto você esperava, você descartou vinte e nove desses sabores por várias razões. Você descartou o Redemoinho Espresso porque ele fez você se lembrar de seu chefe pretensioso, que está sempre bebendo café expresso nesses copos pequenos ridículos com seu dedinho idiota esticado como se ele tivesse acabado de sair de um romance de Jane Austen. E você descartou o Paraíso Açucarado porque, embora você não seja exatamente um entusiasta dos sorvetes dietéticos, você também não vê nenhuma necessidade de transformar sua sobremesa em uma declaração sobre como você está confortável com seu corpo. E você descartou o Mistério Tutti Frutti porque... bem, porque ele *é uma porcaria*. E assim por diante. Em suma, suas diversas crenças, desejos e preferências *fizeram*, de forma absoluta, você descartar esses vinte e nove sabores. Mas você não conseguiu decidir se escolheria chocolate ou baunilha e, no final, você escolheu ainda se sentindo completamente dividido, e sem que nada fizesse você escolher chocolate em vez de baunilha.

Claro, tudo isso é apenas uma *possibilidade*. Mas ela traz à discussão uma questão importante. Existem vários aspectos de uma decisão dividida que podem não ter causa e, pelo que sabemos, pode ser que alguns desses aspectos não tenham absolutamente nenhuma causa, enquanto outros sejam totalmente predeterminados. Em particular, faz todo o sentido dizer que (a) suas crenças, desejos e preferências o levaram inevitavelmente a descartar os primeiros vinte e nove sabores, (b) elas completamente fizeram você tomar uma decisão dividida entre chocolate e baunilha e (c) *nada* fez você escolher chocolate em vez de baunilha.

Agora, aqui está o ponto realmente importante para nós: a única coisa que importa para a questão do livre-arbítrio é a parte (c). Em outras palavras, para que uma decisão dividida seja um produto de seu livre-arbítrio, a única coisa que precisa ser indeterminada é *qual entre as opções que aparentam ser igualmente boas foi escolhida*. Não importa se todos os outros aspectos de sua decisão foram totalmente causados por eventos anteriores.

A Quarta Confusão: Diferentes Tipos de Aleatoriedade

A quarta e última confusão que quero discutir é, talvez, a mais importante. Ela está relacionada com o fato de que um evento pode ser "aleatório" de várias maneiras.

Uma coisa que podemos ter em mente quando dizemos que um evento é aleatório é que ele é *imprevisível*.

Por exemplo, se nós jogarmos na roleta em Las Vegas, podemos dizer que o número onde a bola terminará parando é completamente aleatório. Quando dizemos isso, tudo o que queremos dizer é que ele é imprevisível.

Em segundo lugar, podemos usar o termo "aleatório" para significar *sem causa*. Se um evento não é causado por qualquer coisa, então ele *simplesmente acontece* e por isso em certo sentido ele acontece *de forma aleatória*. (Esse é o sentido em que "aleatório" parece ser empregado no argumento aleatório-ou-predeterminado contra o livre-arbítrio.)

Há um terceiro sentido de "aleatório" que parece relevante para as decisões divididas. Se eu lhe perguntar *por que* você escolheu chocolate em vez de baunilha, você pode dizer algo como: "Eu não sei; não houve realmente uma razão; eu simplesmente escolhi um sabor". Neste cenário, parece fazer sentido dizer que você escolheu *ao acaso*, ou *arbitrariamente*. Quando dizemos isso, o que queremos dizer é que você não teve um *motivo* para sua escolha. Claro, você *tinha* razões para querer pedir um sorvete de chocolate, mas você *também* tinha razões para querer pedir um sorvete de baunilha, e o ponto aqui é que, *levando em conta todas as coisas*, você não tinha uma razão para *preferir* chocolate a baunilha. Frente a isso – uma vez que você tomou uma decisão *dividida* – faz sentido dizer que você escolheu de forma aleatória, ou arbitrária, e assim, mais uma vez, isso nos dá um terceiro sentido para a palavra "aleatório".

Mas não é óbvio que qualquer um desses tipos de aleatoriedade seja relevante para a questão do livre-arbítrio. Lembre-se, nós já sabemos que o livre-arbítrio requer uma espécie de não aleatoriedade. Eu já observei algumas vezes que, se uma decisão ocorre aleatoriamente, então ela não pode ser produto de seu livre-arbítrio. Mas de que *tipo* de aleatoriedade estamos falando aqui? Em outras palavras, qual tipo de *não* aleatoriedade é necessário para o livre-arbítrio? A resposta, ao que me parece, é a seguinte:

> Para que uma decisão seja produto de meu livre-arbítrio, ela não pode ser uma decisão que simplesmente *aconteceu para mim*. Ela tem que ser uma decisão que *eu tomei*. Em outras palavras, a decisão tem que ser *minha*. Eu tenho que ter sido o *autor* da decisão.

Isso nos dá um *quarto* tipo de aleatoriedade. Dizer que uma decisão é aleatória, nesse sentido, é dizer que não fui *eu* que tomei a decisão, que a decisão só aconteceu para mim. Eu acho que esse é o tipo de aleatoriedade que é relevante para o livre-arbítrio.

Por que digo isso? Por que esse é o tipo de aleatoriedade que importa para o livre-arbítrio? Podemos ver por que isso é assim examinando quatro frases que correspondem aos quatro tipos diferentes de aleatoriedade. Três das sentenças farão todo o sentido, mas a quarta será uma incoerente contradição em si mesma. Aqui estão as quatro frases:

> *Frase 1* "Eu escolhi por minha própria vontade, e ninguém poderia ter *previsto* que eu escolheria chocolate em vez de baunilha".
>
> *Frase 2* "Eu escolhi por minha própria vontade, e nada me *fez* escolher da maneira como eu escolhi; em outras palavras, nada me *fez* escolher chocolate em vez de baunilha; eu apenas *escolhi* dessa forma."
>
> *Frase 3* "Eu escolhi por minha própria vontade, mas eu não tinha um *motivo* para escolher chocolate em vez de baunilha; em outras palavras, eu estava completamente dividido entre essas duas opções e decidi *arbitrariamente* pedir um sorvete de chocolate em vez de baunilha".
>
> *Frase 4* "Eu escolhi por minha própria vontade, mas não fui *eu* que escolhi; em vez disso, a escolha simplesmente *aconteceu* para mim."

Aqui está o que eu quero dizer: as frases 1, 2 e 3 fazem todo o sentido, mas a frase 4 é incoerente. Simplesmente não faz nenhum sentido dizer que eu escolhi por minha livre vontade, mas não fui *eu* que escolhi. Isso é apenas uma contradição. Mas *faz* sentido dizer – como as frases 1, 2 e 3 dizem – que escolhi por minha livre vontade, mas que nada me *fez* escolher como eu escolhi, que eu não tinha uma *razão* para escolher como escolhi e que ninguém poderia ter previsto como eu escolheria.

O que isso mostra é que o quarto tipo de aleatoriedade é incompatível com o livre-arbítrio. Em outras palavras, o tipo de não aleatoriedade que é necessário para o livre-arbítrio é o tipo que está relacionado com *eu* ter sido o autor da escolha.

Um Quadro do Livre-Arbítrio

Se o que eu disse sobre a aleatoriedade estiver correto, isso nos dá uma melhor compreensão do que o livre-arbítrio *é*. Ou, pelo menos, uma melhor compreensão do tipo de livre-arbítrio que nos interessa aqui, ou seja, do livre-arbítrio *não predeterminado*. Até agora descobrimos que, para a decisão ser livre, nesse sentido, ela tem que satisfazer duas condições: primeiro, ela não pode ser *predeterminada* e, segundo, ela não pode ser

Até agora descobrimos que, para a decisão ser livre, nesse sentido, ela tem que satisfazer duas condições: primeiro, ela não pode ser *predeterminada* e, segundo, ela não pode ser *aleatória*

aleatória. Mas agora que sabemos mais sobre o tipo de aleatoriedade de que estamos falando aqui, podemos ser mais precisos ao dizer no que consiste esse tipo de livre-arbítrio. Em particular, podemos dizer o seguinte:

> *Livre-arbítrio não predeterminado* Para que uma decisão seja produto de meu livre-arbítrio (no sentido do livre-arbítrio *não predeterminado*, em contraste com o livre-arbítrio estilo *Hume*), duas coisas precisam ser verdadeiras. Primeiro, é necessário que *eu* tenha tomado a decisão e, segundo, é necessário que minha escolha não tenha sido predeterminada por eventos anteriores. Em outras palavras, é necessário que (a) *eu* seja o autor da decisão, e que (b) nada tenha me *feito* decidir como decidi.

Isso é o que é o livre-arbítrio. Ou melhor, é isso o que esperamos que seja o livre-arbítrio, caso nós realmente o tenhamos. Mas, é claro, se nós realmente temos esse tipo de livre-arbítrio é uma questão que ainda está em aberto.

Uma segunda lição importante que aprendemos sobre o livre-arbítrio neste capítulo é que ele não é algo que nós exercemos *continuamente*. Em outras palavras, se temos livre-arbítrio, então nós apenas o exercemos *de forma intermitente*, em certos momentos específicos.

Em particular, nós só exercemos o livre-arbítrio (se ele realmente existir) quando tomamos *decisões divididas* – quando estamos em situações em que temos que escolher entre múltiplas opções que parecem igualmente boas para nós, e paramos e pensamos por pelo menos um breve momento sobre o que devemos fazer e então resolvemos a questão com uma *escolha* consciente. É isso. Nós não exercemos o livre-arbítrio (e nem precisamos ou queremos exercê-lo) em qualquer outro momento.

O último comentário que quero fazer aqui é que a visão do livre-arbítrio que apresentei neste capítulo é perfeitamente compatível com ambas as concepções dos seres humanos, com a concepção científico-materialista e também com a concepção espiritual-religiosa. Em poucas palavras, o que eu disse aqui é que, para uma decisão ser um produto de meu livre-arbítrio, é necessário que (a) *eu* seja o autor da decisão e que (b) nada tenha me *feito* decidir como decidi. Isso, eu acho, é o que você deve dizer, acredite em almas não físicas ou não. Claro, se você adotar uma concepção materialista, você dirá que as decisões conscientes são eventos *cerebrais* físicos, enquanto que, se você adotar uma concepção espiritual, você provavelmente dirá que as decisões conscientes são ações não físicas de almas não físicas. Mas, de qualquer forma, você deve dizer que, para que uma decisão minha seja *livre*, é necessário que *eu* seja o autor da decisão e que nada tenha me *feito* decidir como decidi. Isso é tudo o que o livre-arbítrio *é*. Ou, mais uma vez, para ser mais preciso, isso é o que esperamos que o livre-arbítrio (não predeterminado) seja, caso ele realmente exista.

PODEMOS REFUTAR O ARGUMENTO ALEATÓRIO-OU-PREDETERMINADO CONTRA O LIVRE-ARBÍTRIO?

Agora que sabemos o que queremos dizer quando falamos em livre-arbítrio, o próximo passo é descobrir se ele realmente existe. O problema, claro, é que os dois argumentos contra o livre-arbítrio (o argumento científico e o argumento aleatório-ou-predeterminado) ainda estão de pé. E, além disso, as duas principais respostas aos argumentos contra o livre-arbítrio – a resposta religiosa e a resposta filosófica – não são satisfatórias. Assim, a pergunta que temos que fazer é se há alguma *outra* forma de responder a esses argumentos.

Começarei discutindo o argumento aleatório-ou-predeterminado. Faz sentido começar por esse argumento porque ele é uma tentativa de mostrar que o livre-arbítrio é absolutamente impossível. Isso é muito diferente do argumento científico, que apenas tenta mostrar (ao apresentar evidências empíricas) que nós de fato não *temos* livre-arbítrio. Mas, se o livre-arbítrio é impossível – se a própria noção de livre-arbítrio é *incoerente* – então há pouca razão para se dar ao trabalho de examinar os dados empíricos.

Comecemos lembrando o argumento aleatório-ou-predeterminado. Ele pode ser apresentado da seguinte maneira:

> *O argumento aleatório-ou-predeterminado contra o livre-arbítrio* Para cada decisão consciente que você já tomou em sua vida, podemos dizer com certeza que ela ou foi causada por eventos anteriores ou não foi causada por eventos anteriores. Mas, se a decisão *foi* causada por eventos anteriores, então ela não foi produto de seu livre-arbítrio, porque ela já estava determinada por coisas que aconteceram antes que você escolhesse. E se a decisão *não foi* causada por eventos anteriores, então ela não foi produto de seu livre-arbítrio, porque ela aconteceu *de forma aleatória*, e não faz sentido dizer que você escolheu por sua livre vontade se sua escolha apenas apareceu aleatoriamente em seu cérebro.

A primeira metade desse argumento parece correta. Se suas decisões divididas são completamente causadas por eventos anteriores, então elas não são produto de seu livre-arbítrio (ou, pelo menos, elas não são produto de seu livre-arbítrio no sentido que nos interessa neste livro). Mas acho que a segunda metade do argumento é confusa. Se nada fez você escolher chocolate em vez de baunilha, isso pode significar que sua decisão foi aleatória em *algum* sentido do termo, mas não significa que foi aleatória no sentido que interessa ao livre-arbítrio. O sentido que é relevante para a questão do livre-arbítrio é o sentido que tem a ver com o fato de que foi *você* que tomou a decisão. Mas, mesmo supondo que nada fez você escolher chocolate em vez de baunilha, isso simplesmente não implica que não foi *você* que escolheu. E, portanto, isso não significa que você não escolheu por sua livre vontade.

Esse ponto é crucial, então falarei um pouco mais em sua defesa. Imagine que uma equipe de neurocientistas tenha feito uma varredura em seu cérebro enquanto você estava na sorveteria, procurando a causa de sua decisão. E imagine que, mais tarde, a seguinte conversa tenha ocorrido:

> *Sally* Ei, esses neurocientistas descobriram o que fez você escolher o sabor chocolate em vez de baunilha?
>
> *Você* Na verdade, eles descobriram que *nada* me levou a fazer isso. Eles descobriram que o meu desejo de tomar sorvete (juntamente com a minha

incapacidade de escolher um sabor) me fez tomar uma decisão dividida entre chocolate e baunilha. Mas *nada* fez a decisão ser uma decisão "chocolate em vez de baunilha". Eu poderia facilmente ter escolhido baunilha em vez de chocolate.

Até aqui, tudo bem. Mas agora suponha que Sally responda dizendo isto:

> *Sally* Uau. Então eu acho que você não escolheu por sua livre vontade.

Para mim, Sally dizer isso seria absolutamente bizarro. Na verdade, eu acho que, se ela dissesse isso, seria perfeitamente lógico você responder da seguinte forma:

> *Você* Do que você está falando? Ainda assim foi *a minha* escolha. Tudo o que os neurocientistas descobriram é que nada me levou a escolher chocolate em vez de baunilha. Mas você não pode concluir a partir disso que não fui eu que escolhi. E, portanto, você não pode concluir que eu não fiz a escolha de acordo com minha livre vontade.

Eu acho que essa resposta está correta. Parece fazer todo o sentido dizer: "Você escolheu chocolate em vez de baunilha por sua livre vontade, mas nada levou você a fazer isso". Portanto, como isso faz todo o sentido, se nós descobríssemos que sua escolha não teve uma causa, não poderíamos concluir que você não escolheu por sua livre vontade. E assim parece que a segunda metade do argumento aleatório-ou-predeterminado está simplesmente errada.

Os inimigos do livre-arbítrio podem responder dizendo algo parecido com isto:

> Se é verdade que, literalmente, *nada* fez sua escolha ser uma escolha "chocolate em vez de baunilha", então uma coisa que podemos dizer é que *você* não a fez ser uma escolha "chocolate em vez de baunilha". Em outras palavras, você não *fez a escolha acontecer*. Mas, então, como poderíamos dizer que você *fez* a escolha? Parece que não poderíamos. Parece que, se nada causou a escolha – se nada a *fez* acontecer – então ela *simplesmente aconteceu*. Em outras palavras, a escolha não foi produto de seu livre-arbítrio.

Se você se sentir inclinado a responder dessa forma, então você muito provavelmente se esqueceu de algo que discutimos anteriormente – o que no capítulo 5 chamei de "a primeira confusão". A primeira confusão consiste na ideia de que decisões conscientes são de alguma forma *diferentes* dos eventos neurais correspondentes. Elas não são. Se a concepção científico-materialista dos seres humanos estiver correta, então as decisões conscientes *são* apenas eventos neurais. Dessa forma, quando você decidiu pedir um sorvete de chocolate, um determinado evento físico ocorreu em seu cérebro. Em particular, ele foi um evento *neural*. Mas foi *também* um evento de escolha consciente. Mais especificamente, foi um evento *"você escolhendo chocolate"*. Isso é o que ele *foi*. Em sua essência, foi uma decisão consciente que *você* tomou. Agora suponha que nada tenha feito esse evento ser uma decisão "chocolate em vez de baunilha". Sem problemas. Mas isso não muda em nada o fato de que ele foi um evento *"você escolhendo conscientemente"*.

Assim, para mim parece apenas confuso dizer que, se nada fez você escolher chocolate, então *você* não escolheu chocolate. Claro que você escolheu. Sabemos com certeza, certeza absoluta, que você escolheu chocolate. Isso é o que *foi* o evento neural em sua cabeça – um evento em que você conscientemente escolheu chocolate.

Você pode não ter notado, mas algo um pouco mágico aconteceu. Nós não apenas refutamos o argumento aleatório-ou-predeterminado; nós o colocamos

Assim, para mim parece apenas confuso dizer que, se nada fez você escolher chocolate, então *você* não escolheu chocolate.

completamente de cabeça para baixo. Em outras palavras, nós defendemos exatamente a conclusão oposta. A afirmação central no argumento aleatório-ou-predeterminado (ou, pelo menos, na segunda metade desse argumento) era esta:

> Se nossas decisões não têm causa, então elas são aleatórias e, por isso, elas não são produto de nosso livre-arbítrio.

Descobrimos agora que essa afirmação é falsa. Mas isso não é tudo. Nós também descobrimos que a seguinte afirmação (diametralmente oposta) é verdadeira:

> Se nossas decisões divididas não têm causa, então, quando tomamos essas decisões, nada nos leva a escolher do modo como escolhemos e, por isso, elas *são* produto de nosso livre-arbítrio.

Por que isso é verdade? Porque, para que suas decisões divididas sejam produto de seu livre-arbítrio, duas condições precisam ser satisfeitas. É necessário que (a) suas decisões divididas sejam tomadas *por você* e que (b) quando você toma suas decisões divididas, nada *faça* você escolher da forma como escolhe. Agora, nós já *sabemos* que a condição (a) é satisfeita; suas decisões divididas são definitivamente tomadas *por você*, porque o que elas *são*, em sua essência, são eventos "você escolhendo conscientemente". Assim, a única questão real é se a condição (b) é satisfeita; em outras palavras, a questão é se alguma coisa *faz* você escolher da forma como você escolhe quando você toma suas decisões divididas. Mas, se suas decisões divididas não têm causa, isso implica necessariamente que nada faz você escolher da forma como você escolhe. Assim, somos levados à conclusão de que *se suas decisões divididas não têm causa, então elas são produto de seu livre-arbítrio.*

Até aqui já progredimos bastante. Em particular, nós fizemos duas coisas. Em primeiro lugar, nós refutamos o argumento aleatório-ou-predeterminado contra o livre-arbítrio (porque refutamos a alegação de que, se nossas decisões divididas não têm causa, então elas não são livres). E, em segundo lugar, nós descobrimos o elemento crucial na discussão sobre o livre-arbítrio. Por quê? Porque descobrimos que as duas afirmações seguintes são verdadeiras:

1. Se nossas decisões divididas *são* causadas por eventos anteriores, então nós não temos livre-arbítrio.

2. Se nossas decisões divididas *não* são causadas por eventos anteriores, então nós *temos* livre--arbítrio.

Assim, parece que a discussão sobre o livre-arbítrio se resume à questão de saber se nossas decisões divididas são causadas por eventos anteriores. [1]

Isso é interessante. E o que significa é que a questão de saber se temos livre-arbítrio é uma questão para a ciência empírica. Agora, supondo que nós *queremos* ter livre-arbítrio, isso pode ser perigoso; isso significa que o tipo certo de estudo científico poderia demonstrar que nós *não* temos livre-arbítrio.

Aliás, nós vimos anteriormente que algumas pessoas pensam que isso já aconteceu. Os inimigos do livre-arbítrio produziram um poderoso argumento empírico-científico buscando provar que nossas decisões *são* causadas por eventos anteriores e que, portanto, nós não temos livre-arbítrio. Esse é o chamado argumento *científico*.

Nós ainda temos que avaliar esse argumento, mas as considerações neste capítulo sugerem que os inimigos do livre-arbítrio – ou, mais especificamente, as pessoas que têm articulado o argumento científico contra o livre-arbítrio – estão pelo menos no caminho certo. Em outras palavras, elas estão pensando sobre o problema corretamente. A questão de saber se temos livre-arbítrio *é* uma questão científica e, em particular, *é* uma questão quanto a nossas decisões serem causadas por eventos anteriores ou não. Assim, se os inimigos do livre-arbítrio estão corretos quando dizem que a evidência mostra que nossas decisões são completamente causadas por eventos anteriores, então o jogo acabou – nós não temos livre-arbítrio.

Antes de concluir este capítulo, quero salientar que a resposta que eu dei aqui ao argumento aleatório-ou--predeterminado contra o livre-arbítrio pode ser usada por *todos* nós, acreditemos em almas não físicas ou não – ou, em outras palavras, aceitemos a concepção espiritual-religiosa dos seres humanos ou a concepção científico-materialista. Eu assumi na minha discussão que a concepção científico-materialista dos seres humanos está correta. Mas os defensores da concepção espiritual-religiosa podem dizer essencialmente as mesmas coisas que eu disse aqui. Em particular, eles podem responder ao argumento aleatório-ou-predeterminado dizendo algo parecido com isto:

> Se suas decisões divididas não são causadas por eventos anteriores, isso não implica que elas não sejam produto de seu livre-arbítrio. Pelo contrário,

> neste cenário, elas *são* produto de seu livre-arbítrio porque (a) elas são tomadas *por você* (porque elas são eventos de escolha consciente que ocorrem em sua alma) e (b) quando você toma essas decisões, nada *faz* você decidir da forma como você decide.

Isso, é claro, é exatamente análogo à resposta ao argumento aleatório-ou-predeterminado que apresentei aqui em nome daqueles que adotam a concepção científica-materialista dos seres humanos. Então, o que isso significa é que, independentemente de acreditarmos em almas não físicas ou não, podemos dar essencialmente a mesma resposta ao argumento aleatório-ou-predeterminado contra o livre-arbítrio.

7

PODEMOS REFUTAR O ARGUMENTO CIENTÍFICO CONTRA O LIVRE-ARBÍTRIO?

Chegou finalmente a hora de examinar o argumento científico contra o livre-arbítrio e decidir se ele nos dá uma boa razão para negar a existência do livre-arbítrio. O argumento científico pode ser resumido da seguinte forma:

> *O argumento científico contra o livre-arbítrio* Há fortes evidências científicas (da psicologia e da neurociência) que dão suporte à afirmação de que nossas decisões conscientes são completamente causadas por eventos que ocorrem *antes* de nós escolhermos e que estão completamente fora de nosso controle. De fato, nós nem sequer temos consciência desses eventos.

Na verdade, há mais de um argumento aqui – há um com base em descobertas da psicologia e alguns outros com base nas descobertas da neurociência. O argumento da psicologia é o menos preocupante, então começaremos por ele.

O Argumento da Psicologia

Comecemos lembrando o argumento da psicologia. O argumento é baseado no fato de que muitas de nossas ações e decisões são causadas por coisas a respeito das quais somos completamente inconscientes – coisas como mensagens subliminares. Além disso, quando isso acontece, as pessoas muitas vezes apresentam razões completamente equivocadas para explicar por que elas fizeram o que fizeram. Elas constroem teorias elaboradas para explicar suas ações; elas acreditam que essas teorias são verdadeiras, mas, como observadores externos, podemos ver que elas não são verdadeiras. Em suma, a principal ideia por trás do argumento da psicologia é que nossas ações são frequentemente causadas por fatores inconscientes que estão completamente fora de nosso controle.

Dada a discussão no capítulo 5 sobre o que *é* o livre-arbítrio, estamos agora muito melhor posicionados para ver o que pode estar errado com esse argumento. O primeiro ponto a destacar aqui é que a maioria dos estudos que os psicólogos realizaram sobre esse tema teve como objeto central nosso *comportamento* – em outras palavras, as coisas que nós *fazemos*. Mas, como vimos no capítulo 5, o livre-arbítrio realmente não tem nada a ver com nosso comportamento. Ele tem a ver com nossas *decisões* conscientes. De fato, de acordo com o argumento que desenvolvemos, nós só deveríamos exercer nosso livre-arbítrio ao tomarmos decisões *divididas* – decisões que tomamos enquanto nós estamos nos sentindo divididos entre duas ou mais opções e não conseguimos decidir qual é a melhor. Agora, ocorre que quase *nenhum* dos estudos psicológicos sobre os quais nós estamos falando aqui trata de decisões divididas e, frente a isso, você pode pensar que esses estudos são simplesmente irrelevantes para a questão do livre-arbítrio. Mas eu acho que isso seria uma conclusão precipitada. Porque, quando colocamos todos os estudos psicológicos juntos, eles fornecem – quando olhamos para eles como um todo – ampla evidência para a seguinte conclusão:

> Nossas ações – em toda uma gama de situações – muitas vezes são influenciadas por fatores inconscientes que estão completamente fora de nosso controle.

A evidência disso é tão abundante e tão avassaladora que parece implicar que o fenômeno sobre o qual estamos falando aqui – o fenômeno das causas inconscientes de nossas ações – quase certamente se estende para nossas decisões divididas. Em outras palavras, mesmo considerando que pouquíssimos estudos tiveram expressamente como objeto as decisões divididas, a soma total dos estudos sugere que as ações humanas de *todos os tipos* podem ser causadas por fatores inconscientes que estão completamente fora de nosso controle. E assim é lógico concluir que as decisões divididas também podem ser causadas por fatores inconscientes.

Mas os estudos psicológicos não mostram – na verdade, eles nem sequer chegam *perto* de mostrar – que nossas decisões divididas são *sempre* causadas por fatores inconscientes. E isso é o que eles precisariam fazer para mostrar que nós não temos livre-arbítrio. Pense a respeito. Se você acredita no livre-arbítrio, você não tem que dizer que *todas* suas decisões divididas são produto de seu livre-arbítrio. Você só tem que dizer que *algumas* delas são. Suponha que você tome, em média, cinco decisões divididas por dia. E agora suponha que, em média, duas dessas decisões sejam causadas por fatores inconscientes – em outras palavras, por coisas a respeito das quais você está completamente inconsciente e que estão completamente fora de seu controle. Por exemplo, talvez você tenha decidido pedir sorvete de chocolate porque você inconscientemente odeia sua mãe (porque, embora você não se lembre disso de forma consciente, quando você era uma criança, ela costumava morder os dedos de suas mãos e pés até sangrar) e porque a cor do sorvete de baunilha inconscientemente tenha feito você se lembrar dos dentes dela. E talvez você tenha bebido uma Coca-Cola no almoço motivado inconscientemente por algum outdoor estúpido que você viu em seu caminho para o trabalho, mesmo sem perceber. Mesmo assim, ainda restam *outras três* decisões divididas que você tomou hoje. E talvez essas decisões *não* tenham sido causadas por fatores inconscientes.

Então a verdadeira questão é esta: os estudos que os psicólogos realizaram nesta área – os estudos sobre coisas como mensagens subliminares – nos dão um bom motivo para pensar que, *sempre* que tomamos decisões divididas, nossas escolhas são *sempre* causadas ou predeterminadas por fatores inconscientes (em outras palavras, por coisas de que nem sequer temos consciência e que estão fora de nosso controle)?

A resposta a essa pergunta deveria ser óbvia. É um retumbante *não*. Na verdade, os psicólogos não chegaram nem *perto* de estabelecer esse resultado. Tudo o que eles já demonstraram é que, *às vezes*, nossas ações são causadas por coisas de que não temos consciência.

A conclusão, então, é que os estudos psicológicos sobre as motivações subconscientes – sobre coisas como mensagens subliminares – não mostram que nós não temos livre-arbítrio. No máximo, eles mostram que nós exercemos nosso livre-arbítrio com um pouco menos de frequência do que poderíamos imaginar.

Os Argumentos da Neurociência

A última pergunta que temos que responder é se os argumentos da neurociência têm sucesso ao tentar mostrar que nós não temos livre-arbítrio. Mas, antes de chegarmos a isso, precisamos responder a uma importante questão preliminar.

A Questão Preliminar: A Neurociência É uma Ciência Determinística ou Probabilística?

No capítulo 2, expliquei que a mecânica quântica contém leis probabilísticas. Em outras palavras, ela contém leis que se parecem com isto:

> Se você tem um sistema físico em um estado S, e se você realizar um experimento E nesse sistema, em seguida, há dois resultados possíveis diferentes, R1 e R2; além disso, há 50 por cento de chance de

que você obtenha o resultado R1 e 50 por cento de chance que você obtenha o resultado R2.

Isto significa que, na mecânica quântica, alguns eventos físicos não são predeterminados. Isso é extremamente importante para o tema do livre-arbítrio, porque abre a porta para a possibilidade de que nossas *decisões divididas* não sejam predeterminadas.

Mas, mesmo se assumirmos que alguns eventos físicos não são predeterminados, isso não implica que os eventos *neurais* não sejam predeterminados. E essa é a questão realmente importante para nós. Afinal de contas, assumindo que a concepção científico-materialista dos seres humanos esteja correta, as decisões divididas *são* apenas eventos neurais. Portanto, uma vez que a afirmação de que temos livre-arbítrio depende da afirmação de que algumas de nossas decisões divididas não são predeterminadas, ela também depende da afirmação de que alguns *eventos neurais* não são predeterminados.

Então, o que a neurociência nos diz hoje sobre isso? Será que ela nos diz que todos os eventos neurais são totalmente predeterminados por eventos anteriores? Ou será que deixa em aberto a possibilidade de que existam alguns eventos neurais que não são predeterminados? A resposta é que ela deixa em aberto a possibilidade de indeterminismo. Em outras palavras, hoje a teoria neurocientífica *não* é completamente determinista. Na verdade, alguns dos processos neurais mais fundamentais são tratados probabilisticamente pela neurociência. Deixe-me explicar isso um pouco mais detalhadamente.

Um *neurônio* é uma célula longa e magra, que transmite informações eletronicamente. Ele é como uma espécie de fio de telefone no cérebro. Mas, ao contrário dos fios de telefone, os neurônios ficam separados por pequenos *intervalos*. Quando um sinal elétrico percorre um neurônio e atinge a extremidade da célula, uma pequena partícula (chamada *neurotransmissor*) é liberada. O neurotransmissor viaja através do intervalo até o próximo neurônio. E quando o neurotransmissor chega ao próximo neurônio, ele faz o próximo neurônio *disparar* – em outras palavras, faz um sinal elétrico atravessar *esse* neurônio, repetindo, dessa forma, todo o processo mais uma vez.

Observe que há *dois* eventos principais aqui. Um é a *liberação* da pequena partícula, o neurotransmissor (que é causada pelo sinal elétrico que chega à extremidade do neurônio). O segundo evento é o *disparo neural* (que é causado pela chegada do neurotransmissor).

Agora, aqui está o ponto realmente importante para nós: a teoria neurocientífica atual trata *ambos* esses processos de forma probabilística. Em outras palavras, no que diz respeito ao atual estado da ciência, esses processos não são controlados por leis deterministas. Nós não temos uma lei que diz que *sempre* que um neurotransmissor chega a um neurônio, ele dispara; e nós também não temos uma lei que diz que *sempre* que um neurônio dispara, ele provoca a liberação de um neurotransmissor. Pelo contrário, às vezes, quando um neurônio dispara, um neurotransmissor *não é* liberado. E, da mesma forma, às vezes, quando um neurotransmissor chega a um neurônio, ele não dispara. Finalmente, no que diz respeito à neurociência, pode ser que os eventos específicos desses tipos *não sejam predeterminados*. Em outras palavras, pelo que sabemos, pode ser que, em casos específicos, o disparo de um neurônio (ou a liberação de um neurotransmissor) não ocorra de forma predeterminada.

Essa é uma boa notícia, se você espera que nós tenhamos livre-arbítrio. Isso significa que, segundo a teoria neurocientífica de hoje, pode ser que alguns eventos neurais não sejam predeterminados. E uma vez que isso é algo que é necessário para o livre-arbítrio, parece que pelo menos a porta está aberta para a possibilidade de existir livre-arbítrio.

(Só para ficar claro, eu não estou dizendo que os neurocientistas demonstraram que *existem* eventos neurais que não são predeterminados, mas apenas que eles identificaram certos tipos de eventos neurais que, pelo que sabemos hoje, *podem* não ser predeterminados. Em outras palavras, o ponto é que os neurocientistas não foram capazes de encontrar nenhuma evidência de que os eventos neurais em questão sejam completamente causados ou predeterminados.)

Mas tudo isso é extremamente geral. Tudo o que dissemos é que pode ser que alguns eventos neurais não sejam predeterminados. Isso não nos diz nada sobre as decisões divididas em particular. E o problema é que existem estudos neurocientíficos lá fora (em particular, os estudos de Benjamin Libet e J. D. Haynes) que sugerem que nossas decisões divididas *são* predeterminadas, que elas são completamente causadas por eventos neurais anteriores, eventos de que nem sequer temos consciência. Então precisamos examinar esses estudos para ver se eles realmente mostram o que as pessoas dizem que mostram – ou seja, que não temos livre-arbítrio.

Os Estudos de Libet

O mais famoso dos argumentos neurocientíficos contra o livre-arbítrio é aquele baseado nos estudos de Libet. Relembremos esse argumento.

Nós já sabemos há muito tempo (desde os anos 60) que as decisões conscientes estão associadas a certo tipo de atividade do cérebro conhecida como *potencial de prontidão*. No início dos anos 80, Libet iniciou uma série de estudos para estabelecer a ordem cronológica em que ocorriam o potencial de prontidão, a intenção consciente de agir e o ato em si. Ele posicionou cada voluntário sentado de frente para um grande relógio que media o tempo em milissegundos com instruções para que, sempre que sentisse vontade, flexionasse o pulso e anotasse o momento exato em que sentiu o desejo consciente de se mexer. O que Libet descobriu foi que o potencial de prontidão – a atividade física cerebral associada a nossas decisões – surgia cerca de meio segundo antes da intenção consciente de se mexer.

As pessoas têm interpretado os resultados de Libet como prova de que nós não temos livre-arbítrio. Como eu disse no capítulo 2, esse argumento pode ser apresentado da seguinte forma:

> Quando você executa uma ação, se você somente tomar uma decisão consciente de agir *após* as causas físicas de sua ação já terem sido postas em movimento, então a ideia de que você tem livre-arbítrio é uma ilusão. Simplesmente não faz sentido dizer que você decidiu dobrar o punho por sua própria vontade se as causas físicas de sua ação já estavam em movimento antes de você fazer sua escolha consciente.

Em outras palavras, a ideia aqui é que não é possível que nós tenhamos livre-arbítrio – que não é possível que nossas decisões conscientes sejam as causas profundas de nossas ações – porque há eventos *cerebrais* inconscientes puramente físicos que causam nossas ações e que ocorrem *antes* de tomarmos nossas decisões conscientes.

Esse é o argumento. E agora eu quero dizer para você o que há de *errado* com ele. Em poucas palavras, o problema com esse argumento é que ele simplesmente *assume* que o potencial de prontidão desempenha um determinado papel causal na produção de nossas ações. Mas, na verdade, não temos ideia de qual é o propósito do potencial de prontidão. Nós não sabemos *por que* ele ocorre, e nós não sabemos o que ele *faz*.

Esse é um ponto extremamente importante. Para que os resultados de Libet criem um problema real para o livre-arbítrio, é necessário que o potencial de prontidão desempenhe um papel muito específico na produção de nossas decisões e ações. Em particular, a seguinte afirmação precisa ser verdadeira:

> *Possibilidade 1* Quando você toma uma decisão dividida, o potencial de prontidão é a causa (ou, pelo menos, *parte* da causa) do modo como você escolhe. Por exemplo, quando você pediu um sorvete de

chocolate, o potencial de prontidão o levou a escolher chocolate em vez de baunilha (ou, pelo menos, ele foi *parte* da causa de você fazer isso).

O problema, porém, é que simplesmente não há evidência de que é isso que o potencial de prontidão esteja fazendo. Assim, o que eu estou dizendo aqui é apenas isto: o potencial de prontidão poderia estar fazendo alguma *outra* coisa, algo que não tem nada a ver com a escolha de uma determinada opção. E, para enfatizar isso, eu quero dar um exemplo do que ele poderia estar fazendo. Há, de fato, *muitas* coisas que o potencial de prontidão poderia estar fazendo; apenas descreverei *uma* dessas possibilidades.

Essa possibilidade está relacionada com o que no capítulo 5 eu chamei de *a terceira confusão*. A terceira confusão está relacionada com o fato de que apenas certo *aspecto* de nossas decisões divididas precisa ser indeterminado. Em particular, é necessário que, quando tomamos nossas decisões divididas, que a *opção escolhida* entre aquelas que parecem empatadas como as melhores não seja predeterminada por eventos anteriores. Mas *todo o restante* pode ser completamente causado por eventos anteriores. E o que veremos agora é que o potencial de prontidão pode ser parte da causa desses *outros* aspectos de nossas decisões divididas. Aqui esta uma dessas possibilidades, sobre o que o potencial de prontidão pode estar fazendo:

> *Possibilidade 2* Pode ser que o potencial de prontidão seja parte da causa da *ocorrência* de uma decisão.
>
> Pense novamente em sua decisão de pedir um sorvete de chocolate. Pelo que sabemos agora, pode ser que ambas as seguintes afirmações sejam verdadeiras: (i) o fato de que você tomou uma decisão dividida entre chocolate e baunilha foi totalmente causado por eventos anteriores; e (ii) o fato de que você escolheu chocolate em vez de baunilha não foi causado por nada. Mas, considerando isso, pode ser que o potencial de prontidão tenha sido parte do processo causal mencionado em (i). Em outras palavras, pode ser que o potencial de prontidão tenha sido parte do processo cerebral físico que levou você a tomar uma decisão dividida entre chocolate e baunilha. E pode ser que o potencial de prontidão não tenha nada a ver com o fato de você ter escolhido chocolate em vez de baunilha. E assim, mesmo caso o potencial de prontidão apareça *antes* de você tomar sua decisão consciente, isso simplesmente não significa que sua escolha foi predeterminada.

Então, isso nos dá uma história alternativa sobre o que o potencial de prontidão poderia estar fazendo em nossas decisões divididas, e ele não estaria nos fazendo escolher uma opção específica. Agora, neste momento, não há nenhuma boa razão para pensarmos que essa história alternativa – a Possibilidade 2 – é *verdadeira*. Mas o ponto importante para nós é que também não há nenhuma boa razão para pensar que é *falsa*. Não há nenhuma *evidência* de que ela é falsa. Em suma, a questão é que não há nenhuma boa razão científica para preferir a Possibilidade 1 à Possibilidade 2. E isso é suficiente para minar o argumento de que os resultados de Libet refutam o livre-arbítrio. O resultado final é este: nós não temos nenhuma boa razão para pensar que, quando você toma uma decisão dividida, o potencial de prontidão faz você escolher uma opção específica e, dessa forma, a presença do potencial de prontidão não nos dá nenhuma razão para pensar que suas decisões divididas não são produto de seu livre-arbítrio.

Os Estudos de Haynes

Tudo o que resta é avaliar o argumento contra o livre-arbítrio com base nos estudos de J. D. Haynes. Dos argumentos contra o livre-arbítrio, esse pode parecer o mais difícil de responder porque, intuitivamente, *parece* que os estudos de Haynes põe a nocaute a ideia de que temos livre-arbítrio.

Na verdade, os estudos de Haynes parecem ter sido feitos sob medida para dar aos inimigos do livre-arbítrio uma forma de responder ao que eu disse sobre os estudos de Libet. Minha objeção central ao argumento de Libet foi que seus estudos não conseguem distinguir entre a *ocorrência* de uma decisão dividida e a questão de *qual entre as opções empatadas é escolhida*. Mais especificamente, minha objeção ao argumento Libet é que, pelo que sabemos, o potencial de prontidão pode ser parte do que faz nossas decisões divididas ocorrerem sem contribuir para que uma determinada opção seja escolhida. Mas os estudos de Haynes parecem ter sido feitos para serem imunes a esse ataque.

Comecemos lembrando como foi conduzido o principal estudo de Haynes. Os voluntários ficavam à frente de dois botões, um para a mão esquerda e outro para a mão direita, e Haynes os instruía para tomar uma decisão em algum momento, escolhendo um botão e pressionando-o imediatamente. Haynes descobriu que a atividade neural inconsciente em duas regiões diferentes do cérebro indicava se os voluntários estavam prestes a pressionar o botão esquerdo ou o botão direito. Além disso, ele descobriu que essa atividade surgia já sete a dez segundos antes de o voluntário tomar a decisão consciente de apertar um dos botões. Esses resultados parecem oferecer um argumento devastador contra o livre-arbítrio. Alguém pode formular o argumento assim:

> Se você está prestes a escolher se quer pressionar o botão esquerdo ou o botão direito, e se alguém, vendo seu cérebro, pode prever qual o botão você pressionará de sete a dez segundos antes de você fazer sua escolha consciente, então é claro que não é sua escolha consciente que determina o que você faz. O que você faria já estava determinado antes de você tomar sua decisão consciente. E, frente a isso, não faz nenhum sentido dizer que você escolheu por sua livre vontade. Em suma, quando tomamos nossas decisões conscientes, se aquilo que fazemos já está determinado vários segundos *antes* de tomarmos essas decisões, então nós simplesmente não temos livre-arbítrio.

É assim que o argumento é geralmente apresentado por pessoas que não acreditam no livre-arbítrio. E quando o argumento é apresentado dessa forma, ele parece extremamente poderoso. Mas, quando você lê o artigo científico em que os resultados de Haynes foram publicados, começam a surgir todos os tipos de problemas. Como se costuma dizer, é nos detalhes que o diabo mora. E o que eu quero fazer agora é explicar como alguns dos detalhes desse estudo minam completamente o argumento contra o livre-arbítrio.

Há dois detalhes desse estudo que quero discutir. O primeiro está relacionado com as *regiões* específicas do cérebro em que foi encontrada a atividade neural anterior à escolha consciente; em particular, ela foi encontrada no *córtex parietal* (para abreviar, o CP) e no que é conhecido como a *área 10 de Brodmann* (para abreviar, a AB10). Por que isso é importante se tornará claro a seguir. O segundo detalhe importante é o seguinte: a atividade cerebral que antecede a escolha encontrada por Haynes (nas regiões CP e AB10) não se mostrou capaz de prever muito bem os resultados das escolhas dos voluntários. Na verdade, ela era apenas 10 por cento mais precisa do que uma *escolha ao acaso*. Se você prever ao acaso se os voluntários pressionarão o botão esquerdo ou o botão direito, você acertará cerca de 50 por cento do tempo. E olhando para as regiões CP e AB10 dos cérebros dos voluntários e usando *essa informação* para prever se eles pressionarão o botão esquerdo ou o botão direito, você estará certo *na melhor das hipóteses* 60 por cento do tempo. Esse resultado é, sem dúvida, estatisticamente significativo, então isso mostra que *alguma coisa* está acontecendo. Mas ele está a uma grande distância de uma precisão de 100 por cento. E, como explicarei a seguir, isso destrói completamente o argumento de Haynes contra o livre-arbítrio. Em suma, apesar de os resultados de Haynes mostrarem definitivamente a ocorrência de *algo*, eles *não* mostram que nós não temos livre-arbítrio.

Mas me permita fazer uma pausa e explicar o significado de a atividade cerebral pré-escolha ter sido encontrada nas regiões CP e AB10 do cérebro. O estranho disso tudo é que essas regiões do cérebro não estão normalmente associadas a decisões livres. Em vez disso, elas estão associadas a *planos* ou *intenções*. Em particular, o CP está associado à *produção* de planos, e a AB10 está associada ao *armazenamento* de planos. Suponha, por exemplo, que eu faça um plano para visitar o Havaí no próximo verão. Após ter feito esse plano, eu posso me *lembrar* dele. Isso significa que o plano está armazenado em algum lugar em meu cérebro. E há evidências significativas de que planos como esse são armazenados na região AB10 do cérebro. E também há evidências de que os planos são *gerados* na região CP.

Isso é realmente importante. Na verdade, quando nós combinamos isso com o fato de que as previsões baseadas na atividade neural nas regiões CP e AB10 são apenas 10 por cento mais precisas do que tentativas de adivinhar às cegas, o argumento contra o livre-arbítrio cai completamente por terra. A razão é que, quando juntamos esses dois fatos, eles sugerem uma interpretação dos resultados de Haynes que é perfeitamente consistente com o livre-arbítrio. Eu apresentarei essa interpretação um pouco mais adiante. Mas, primeiro, eu quero fazer alguns comentários preliminares.

Quando uma pessoa pede para você *não* pensar em alguma coisa, de repente se torna muito difícil obedecê-la. Por exemplo, se eu não quero que você pense em Abraham Lincoln agora, uma das piores coisas que eu poderia fazer é *pedir* para você não pensar nele. Se eu simplesmente não dissesse nada, as chances de você pensar em Lincoln nos próximos minutos seriam muito pequenas. Mas assim que eu digo, "Não pense em Abraham Lincoln", torna-se muito difícil para você evitar pensar nele, mesmo se você sinceramente quiser me obedecer. O problema é que a tentação de pensar sobre algo em que você não deve pensar pode ser quase irresistível.

O mesmo vale para pequenas *decisões* sem importância, como a escolha de um número entre 1 e 10. Suponha que eu diga isto para você: "Em um minuto, eu vou pedir para você escolher um número entre 1 e 10, *mas não faça a escolha ainda*". É realmente muito difícil não pensar em um número em uma situação como essa. Na verdade, é provável que, antes que eu consiga terminar de falar a segunda metade da frase, você já tenha pensado em um número entre 1 e 10. Assim que eu disser que pedirei para você escolher um número entre 1 e 10, você pode escolher o número 7 antes mesmo de me ouvir dizer que você ainda não deve realizar a escolha.

Agora, depois de me ouvir dizer que você ainda não deve escolher, você pode tentar desfazer o que você já fez. Em outras palavras, você pode tentar *desfazer* a escolha do número 7. Mas note que o resultado provavelmente não será colocar o 7 "de volta no chapéu". Em vez disso, ele simplesmente será excluído do processo de seleção. Isso ocorre porque nós não somos capazes de nos transformar em geradores de números aleatórios. O problema é que você não será capaz de esquecer que já pensou no número 7. Então, depois de um minuto, quando eu pedir para você ir em frente e escolher um número, é extremamente improvável que você escolha o 7 novamente. Se você fizesse isso, você não pensaria que sua escolha estava sendo verdadeiramente aleatória e que foi apenas uma coincidência você ter escolhido o número 7 duas vezes em seguida; você pensaria que você estava sendo um *idiota*, sempre respondendo da mesma forma quando alguém pede para você pensar em um número. E você provavelmente também acharia que escolher novamente o número 7 seria *trapaça* – que você estaria flagrantemente desobedecendo à ordem de não escolher com antecedência. Assim, mesmo se você não se desse conta disso, acho que, muito provavelmente, como resultado real de sua tentativa de desfazer sua escolha, o número 7 seria simplesmente eliminado da disputa.

Mas agora suponha que, em vez de dizer que você deve escolher um número entre 1 e 10, eu diga que você deve escolher o número *1* ou o número 2. E suponha que você imediatamente pensou no número 2. Agora, o que acontecerá quando eu lhe disser que não quero que você escolha ainda, que quero que você espere 60 segundos e, *em seguida*, escolha um número. Você provavelmente pensará algo parecido com isto:

> Oh, porcaria, eu já pensei no número 2. Bem, vou apenas *desfazer* a escolha. Sim, essa é a solução – isso é *fácil*. OK, a escolha está desfeita. Eu não estou pensando em nada agora.

Mas agora, se o resultado disso é que você decidiu que não escolherá o número 2, a única opção que resta é o número 1. Então, a não ser que você realmente consiga se esquecer completamente de que você escolheu antes o número 2, a escolha que você acaba fazendo não será verdadeiramente aleatória. Ela será paradoxalmente influenciada por sua tentativa de seguir as instruções apesar de você ter começado escolhendo o número 2.

Esse é *um* problema. Aqui está outro problema: mesmo se você não pensar imediatamente em um dos dois números, é, na prática, muito difícil *evitar* pensar em um deles. Experimente fazer isso agora. Vire uma ampulheta e diga para você mesmo que você não pensará nos números 1 ou 2 até toda a areia cair e que, quando a areia *terminar* de cair, você escolherá um dos dois números. É realmente muito difícil não pensar em um dos dois números. Eu não estou dizendo que *não é possível* fazer isso. Claro que é possível. Por exemplo, você pode encontrar alguma forma de se distrair e pensar em algo completamente diferente. Mas nem sempre você conseguirá fazer isso. Em suma, o ponto aqui é que, *às vezes*, quando alguém nos pede para não pensar em alguma coisa, nós *não conseguimos*. Isso pode fazer os seres humanos parecerem cabeças de vento, mas todos nós sabemos que é assim que são as coisas.

Agora, aqui está o ponto realmente importante para nós. Você pode fracassar nessa tarefa *mesmo se você não perceber que fracassou*. Você pode subconscientemente pensar no número 1, e você pode subconscientemente planejar selecionar esse número quando chegar a hora e armazenar esse plano na memória. Não deve haver nenhuma controvérsia quanto a isso. Aqui estão duas coisas sobre os seres humanos que nós *sabemos* que são verdadeiras: primeiro, que é muito difícil evitar pensar em alguma coisa quando alguém diz para você não pensar nela; e, segundo, que fazemos todos os tipos de coisas inconscientemente. Nós não fazemos *tudo* inconscientemente, mas é evidente que fazemos *muitas coisas* inconscientemente. Quando colocamos essas duas observações juntas, temos a seguinte hipótese (altamente provável):

> Se você disser para um grupo de pessoas que, em sessenta segundos, elas serão convidadas a escolher o número 1 ou o número 2, e se você disser para elas não fazerem ainda a escolha – em outras palavras, se você disser para elas esperarem sessenta segundos antes de escolher – pelo menos *algumas* pessoas (mesmo sem perceber) não conseguirão esperar a totalidade dos 60 segundos antes de escolher. Em outras palavras, pelo menos algumas pessoas pensarão subconscientemente em um dos dois números e armazenarão subconscientemente o plano de escolher esse número quando chegar a hora.

Mais uma vez, dado o que sabemos sobre nós mesmos, isso parece extremamente plausível. Na verdade, parece quase *óbvio*. Eu ficaria muito surpreso se isso *não* fosse verdade.

Tudo isso é altamente relevante para os estudos de Haynes. Na verdade, isso parece nos dar uma interpretação dos resultados de Haynes que é perfeitamente consistente com a existência do livre-arbítrio. Assim, sem mais delongas, apresento essa interpretação:

> *Uma interpretação dos resultados do estudo de Haynes que é perfeitamente consistente com a existência do livre-arbítrio* Uma porcentagem significativa dos voluntários no estudo de Haynes (digamos, 20 por cento deles) inconscientemente fracassou ao tentar tomar decisões verdadeiramente espontâneas quanto à escolha do botão direito ou esquerdo. Eles realmente *queriam* seguir as instruções de Haynes, mas, por qualquer motivo e sem perceber, inconscientemente formaram planos para pressionar um dos dois botões. Eles armazenaram inconscientemente essa informação em seus cérebros e, depois, quando chegou o momento, esses planos foram ativados. Em outras palavras, as regiões do cérebro onde esses planos estavam armazenadas foram ativadas. E essa atividade cerebral fez os voluntários escolherem de modo predeterminado, seguindo a escolha que tinham planejado inconscientemente.

Isso explica por que (em *alguns* indivíduos) houve atividade cerebral antes da escolha nas regiões CP e AB10 do cérebro (e, lembre-se, essas regiões estão associadas com a formação e armazenamento de *planos*, e não com decisões livres). Isso também explica por que essa atividade cerebral prevê se os voluntários escolherão o botão esquerdo ou o botão direito. E, finalmente, também explica por que usar essa atividade do cérebro para prever como os voluntários escolherão é apenas 10 por cento melhor do que adivinhar ao acaso – a razão é que *nem todos* os voluntários fracassaram, inconscientemente, ao tentar tomar decisões espontâneas. Somente *alguns* voluntários formaram planos inconscientes sobre o que fariam. A *maioria* dos voluntários conseguiu evitar fazer isso. A maioria deles conseguiu tomar decisões verdadeiramente espontâneas. (Claro, a afirmação aqui não é que a maioria de nós tem livre-arbítrio e que alguns de nós não têm. A afirmação é que *todos* nós, *às vezes*, não agimos de forma livre. Todos somos, *às vezes*, compelidos por coisas como planos inconscientes. Mas nós não somos *sempre* compelidos por essas coisas.)

A afirmação é que todos nós, *às vezes*, não agimos de forma livre. Todos somos, *às vezes*, compelidos por coisas como planos inconscientes. Mas nós não somos *sempre* compelidos por essas coisas.

O primeiro ponto a observar é que, se essa é a interpretação correta dos resultados de Haynes, então não há nenhum problema aqui para o livre-arbítrio. Tudo que esses resultados mostram é que, às vezes, nossas decisões são influenciadas por fatores inconscientes. Mas nós já *sabíamos* disso. E, como já observei, isso não significa que nós não temos livre-arbítrio. Para demonstrar que não temos livre-arbítrio, você teria que argumentar que *todas* nossas decisões divididas são predeterminadas por fatores inconscientes. Mas os estudos de Haynes não nos dão nenhuma boa razão para pensar que isso é verdade. E dessa forma eles não nos dão nenhuma boa razão para negar a existência do livre-arbítrio.

Mais adiante, falarei um pouco mais para justificar a afirmação de que os resultados de Haynes não nos dão nenhuma boa razão para duvidar da existência do livre-arbítrio. Mas, primeiro, quero falar um pouco sobre o tipo de argumento que usei aqui para responder a Libet e Haynes. Sempre que realizamos um estudo científico, temos que *interpretar* os dados antes de chegarmos a uma conclusão. O que isso significa é que, para chegarmos à conclusão de que nós não temos livre-arbítrio, temos que interpretar os dados de Libet-Haynes de uma maneira específica. Portanto, uma maneira de responder ao argumento de Libet-Haynes é oferecer uma *interpretação alternativa* que não leve à mesma conclusão a que eles chegaram. Em outras palavras, podemos atacar seu argumento contando uma história que explica *por que* eles obtiveram os resultados que obtiveram *sem* que essa história diga que nós não temos livre-arbítrio.

Agora, sempre que você responde a um argumento científico dessa forma, você tem que se certificar de que a interpretação alternativa que você está dando não é uma história *absurda*. Deixe-me dar um exemplo do que quero dizer com isto. Temos uma montanha de evidências que ligam o fumo ao câncer de pulmão. Agora, a rigor, tudo que isso mostra é que há uma *correlação estatística* entre tabagismo e câncer de pulmão. Temos que *inferir* a partir disso que o fumo pode *causar* câncer de pulmão. Portanto, se você quisesse, você poderia tentar responder ao argumento de que o tabagismo pode causar câncer de pulmão oferecendo uma interpretação alternativa dos dados. Por exemplo, você poderia dizer algo parecido com isto:

> *Interpretação alternativa da correlação estatística entre tabagismo e câncer de pulmão* Claro, há uma correlação estatística entre tabagismo e câncer de pulmão, mas isso não significa que fumar *provoca* câncer de pulmão. Pode haver alguma outra explicação para a correlação estatística. Por exemplo,

> pode ser que exista algum gene oculto que nós ainda não descobrimos que causa independentemente duas coisas diferentes, a saber, o desejo de fumar e o câncer de pulmão. Se isso estiver correto, então haveria definitivamente uma correlação estatística entre tabagismo e câncer de pulmão. Mas fumar não causaria câncer de pulmão. Portanto, uma vez que, pelo que sabemos agora, isso é *possível*, nós não podemos concluir que fumar causa câncer de pulmão. E, por isso, se você quiser fumar, não há nenhuma boa razão para resistir à tentação.

Bem, é certamente *possível* que essa história alternativa seja verdadeira. Mas quais são as *chances* disso? Ela simplesmente parece extremamente improvável. Em suma, a história que está sendo contada aqui é uma história *absurda*.

Há uma lição geral a ser aprendida aqui. Se você quiser responder a um argumento científico, você não pode fazer isso apresentando uma história absurda para explicar os dados. Você tem que apresentar uma história alternativa (ou uma interpretação alternativa dos dados) que seja *tão plausível* – ou que tenha a mesma probabilidade de ser verdadeira – quanto a interpretação original dos dados.

Então, em nosso caso, temos que nos perguntar se a interpretação alternativa dos dados que estou sugerindo aqui é tão plausível, ou tão *provável*, quanto as interpretações que são oferecidas por pessoas como Libet e Haynes. A resposta é que é.

No caso dos estudos de Libet, isso é completamente óbvio. Como disse anteriormente, nós não fazemos nenhuma ideia de qual é a função do potencial de prontidão. Os inimigos do livre-arbítrio simplesmente *assumem* que o potencial de prontidão esteja fazendo com que uma opção específica seja escolhida. Mas é *igualmente provável* que o potencial de prontidão esteja relacionado apenas com a *ocorrência* de nossas decisões divididas, e não com o processo de escolha de uma das opções. Assim, a minha interpretação dos dados não tem menor probabilidade de estar correta do que a interpretação de Libet.

No caso dos dados de Haynes, eu quero fazer uma afirmação ainda mais forte. Eu sustento que minha interpretação é *mais* plausível – ou mais provavelmente correta – do que a interpretação que é hostil ao livre-arbítrio. Essa outra interpretação diz que a atividade cerebral nas regiões CP e AB10 antes da escolha consciente é uma manifestação neural preliminar do cérebro já tomando uma decisão. Essa é a *interpretação contra o livre-arbítrio*. Há pelo menos três argumentos diferentes para pensar que minha interpretação dos dados de Haynes é mais plausível do que essa interpretação contra o livre-arbítrio. Aqui estão os três argumentos:

1. Nós temos evidências fortes e independentes para a hipótese de que as regiões CP e AB10 do cérebro são relevantes não para a tomada de decisões, mas para a formação e armazenamento de planos e intenções. Portanto, como em minha interpretação a atividade cerebral nessas regiões está relacionada com o armazenamento de planos de longo prazo, ela se encaixa com o que já sabemos sobre essas regiões e, por isso, é mais plausível do que a interpretação contra o livre-arbítrio, para a qual essa atividade seria uma manifestação neural preliminar da própria decisão.

2. O fato de que há um *intervalo de tempo de sete a dez segundos* entre a atividade cerebral nas regiões CP e AB10 e a decisão consciente é na realidade um forte indício de que essa atividade *não* é parte da decisão. Isto é um pouco irônico porque, intuitivamente, o intervalo de sete a dez segundos é a coisa que torna os resultados de Haynes tão *impressionantes*. Quando você ouve a respeito desses estudos pela primeira vez, você provavelmente pensa algo parecido com isto:

> *Caramba!* Se os neurocientistas podem prever como eu vou escolher de sete a dez segundos antes de eu tomar uma decisão consciente, então como pode ser possível que eu tenha livre-arbítrio?

Mas, pensando melhor, o intervalo de tempo de sete a dez segundos passa a ser parte do que derruba o argumento de Haynes. Isso ocorre porque temos razões muito fortes para pensar que os seres humanos tomam decisões muito mais rapidamente do que isso. Há evidência experimental significativa que mostra que podemos tomar decisões em *menos de meio segundo*. E, além disso, todos nós *sabemos* que isso é verdade. Todos nós já tivemos muitas experiências em que tomamos decisões repentinas em muito menos de sete segundos. Portanto, uma vez que sabemos que as decisões demoram menos de sete segundos, não é plausível que a atividade cerebral que Haynes observou – um total de sete a dez segundos antes da escolha consciente – seja uma manifestação neural precoce da escolha consciente. É muito mais plausível supor que a atividade cerebral nas regiões CP e AB10 esteja fazendo outra coisa. E a minha interpretação oferece uma história convincente sobre o que essa atividade cerebral estaria fazendo – ela estaria relacionada com o armazenamento de um plano de longo prazo que foi feito inconsciente e não intencionalmente pelo voluntário.

3. Minha interpretação explica por que usar a atividade cerebral nas regiões CP e AB10 leva a resultados apenas 10 por cento mais precisos do que adivinhar às cegas. É porque apenas *alguns* dos voluntários formaram, sem perceber, planos inconscientes sobre o que fariam. Alguns outros não fizeram isso. Eles conseguiram se abster de fazer isso, e suas decisões foram genuinamente escolhas espontâneas feitas no último segundo. Por outro lado, a interpretação contra o livre-arbítrio dos resultados de Haynes *não* explica por que usar a atividade cerebral nas regiões CP e AB10 é apenas 10 por cento mais preciso do que simplesmente escolher um número ao acaso. As pessoas que defendem essa interpretação contra o livre-arbítrio não têm outra opção a não ser dizer que a razão de haver um aumento de apenas 10 por cento na precisão é que nós ainda não conseguimos coletar dados dos cérebros das pessoas bem o suficiente. Para mim, parece que elas estão simplesmente justificando o resultado que querem obter.

Então, mais uma vez, parece que minha interpretação dos dados é muito melhor do que a interpretação contra o livre-arbítrio. Agora, eu não estou dizendo que *provei* que essa é definitivamente a interpretação correta. É, evidentemente, possível que a atividade cerebral nas regiões CP e AB10 *seja* uma manifestação neural precoce da decisão. Mas não há nenhuma evidência disso. Em suma, não há nenhuma boa razão para pensar que a interpretação contra o livre-arbítrio é a interpretação correta. E isso significa que o estudo de Haynes simplesmente não nos dá nenhuma boa razão para duvidar da existência do livre-arbítrio.

O Mesmo Vale para os Defensores da Concepção Espiritual-Religiosa – Mais ou Menos

No capítulo 6, eu respondi ao argumento aleatório-ou-predeterminado contra o livre-arbítrio. Enquanto eu estava respondendo a esse argumento, eu mais ou menos assumi que a concepção científico-materialista dos seres humanos está correta; em outras palavras, eu assumi que os seres humanos não têm almas não físicas. Mas, no final do capítulo, destaquei que as pessoas que adotam a concepção espiritual-religiosa dos seres humanos – pessoas que acreditam que nós *temos* almas não físicas – podem responder ao argumento aleatório-ou-predeterminado essencialmente da mesma maneira como eu fiz.

Quero fazer uma afirmação semelhante aqui, mas, dessa vez, podemos encontrar certos problemas, como veremos um pouco mais adiante. Neste capítulo eu respondi ao argumento científico contra o livre-arbítrio e, mais uma vez, ao construir minha resposta, eu mais ou menos assumi que a concepção científico-materialista dos seres humanos está correta. Mas se você adota a concepção espiritual-religiosa dos seres humanos, você pode responder de uma forma muito semelhante:

1. Você pode responder aos argumentos psicológicos admitindo que nossas decisões divididas são *às vezes* influenciadas por fatores inconscientes que estão fora de nosso controle, e você pode sustentar que não há nenhuma evidência de que nossas decisões divididas são *sempre* causadas por fatores inconscientes.

2. Você pode responder ao estudo de Libet observando (como fiz acima) que não há nenhuma boa evidência para a afirmação de que, quando tomamos nossas decisões divididas, o potencial de prontidão seja parte de um processo físico que nos leva a fazer a escolha específica que fazemos.

3. Você pode responder ao estudo de Haynes observando que a atividade neural pré-escolha das regiões de CP e AB10 do cérebro é provavelmente uma indicação de que uma pequena porcentagem dos indivíduos (digamos, 20 por cento deles) involuntária e inconscientemente forma, antes da escolha, planos de longo prazo para pressionar o botão esquerdo ou o botão direito.

Então, se você adotar a concepção espiritual-religiosa, você pode responder ao argumento científico contra o livre-arbítrio essencialmente da mesma forma como eu respondi a ele em nome daqueles que adotam a concepção científico-materialista dos seres humanos.

Mas, como eu disse antes, eu acho que há um problema aqui. Os argumentos científicos não nos dão nenhum motivo para duvidar da existência do livre-arbítrio, mas me parece que eles nos dão algum motivo para questionar a própria concepção espiritual-religiosa. Em outras palavras, os estudos que estivemos discutindo (e outros estudos como esses) parecem nos dar algum motivo inicial para pensar que nós não temos almas não físicas. Não tentarei apresentar um argumento completo aqui, mas gostaria de dizer algumas palavras sobre o assunto.

Um ponto aqui é que é difícil ver por que uma alma não física teria estados mentais subconscientes. Mas ignoraremos isso e nos concentraremos nos resultados de Haynes. Se temos almas não físicas, então por que nós temos que guardar nossos planos na região AB10 do cérebro? Por que é que não os guardamos apenas em nossas almas não físicas? Esse é, naturalmente, apenas um caso especial de um problema muito mais geral. Se temos almas não físicas, então por que precisamos ter um cérebro para levar a cabo nossas ações mentais? Ou, para colocar a questão sob outro ângulo, se todos os estados e eventos mentais correspondem a estados e eventos neurais, então por que devemos acreditar em almas não físicas? Parece que todos os estados e eventos mentais correspondem a determinadas regiões do cérebro. Crenças são armazenadas nesta região; planos são armazenados naquela região; decisões ocorrem aqui; inferências ocorrem lá. Por que precisamos postular a existência de uma alma? Parece que o cérebro é capaz de fazer tudo sozinho. Na verdade, uma vez que há uma atividade neural para tudo o que acontece na mente humana, parece que o cérebro faz tudo sozinho.

Mas, novamente, não estou tentando argumentar aqui que nós não temos almas não físicas. Estou apenas apresentando isso como algo que merece ser objeto de reflexão.

8

CONCLUSÃO

Se o que sustentei neste livro estiver correto, então os argumentos contra o livre-arbítrio que foram apresentados recentemente por filósofos, psicólogos e neurocientistas simplesmente não são válidos. E, portanto, nós não temos nenhum bom motivo para duvidar da existência do livre-arbítrio.

Mas aqui cabe uma palavra de cautela. Eu não demonstrei neste livro que *temos* livre-arbítrio. Eu simplesmente refutei os argumentos daqueles que afirmam que *não* temos livre-arbítrio. Agora, você pode pensar que, uma vez que, intuitivamente, *parece* para que temos livre-arbítrio, o ônus da prova deve recair sobre os inimigos do livre-arbítrio. E frente a isso, como verificamos que seus argumentos não são válidos, é racional acreditarmos que *temos* livre-arbítrio.

Eu acho que isso seria um erro. Nós concluímos neste livro que os argumentos contra o livre-arbítrio não são válidos, mas não apenas isso. Nós também concluímos que a questão de saber se temos livre-arbítrio não é algo que podemos responder usando a intuição ou o senso comum. Pelo contrário, a afirmação de que temos livre-arbítrio é uma hipótese científica controversa sobre a causa de nossas decisões divididas. Em particular, dizer que temos livre-arbítrio é dizer que a seguinte hipótese é verdadeira:

> Pelo menos às vezes, quando tomamos nossas decisões divididas, nada nos leva a escolher da forma como escolhemos.[1]

Isso não é algo evidentemente verdadeiro. É uma afirmação neurocientífica controversa. Na verdade, eu acredito que saber se temos livre-arbítrio é uma questão tão difícil que, dado nosso conhecimento atual sobre o cérebro, estamos muito longe de poder respondê-la. Para obter evidência convincente para a afirmação de que temos livre-arbítrio, seria preciso fazer todo o seguinte:

1. Em primeiro lugar, seria preciso encontrar nossas decisões divididas no cérebro. Em outras palavras, seria preciso descobrir quais eventos

Na verdade, eu acredito que saber se temos livre-arbítrio é uma questão tão difícil que, dado nosso conhecimento atual sobre o cérebro, estamos muito longe de poder respondê-la.

neurais são nossas decisões divididas. Segundo a opinião geral, nós não estamos nem sequer perto de sermos capazes de fazer isso.

2. Em segundo lugar, se pudéssemos apontar para um evento neural e dizer com confiança que ele foi uma decisão dividida, também teríamos que ser capazes de dizer qual característica desse evento neural correspondeu à opção escolhida. Em outras palavras, teríamos que ser capazes de olhar para um evento neural do tipo que eu estou falando e *interpretar* se ele foi uma decisão "chocolate em vez de baunilha", ou uma decisão "baunilha em vez de chocolate", ou o que quer que seja.

3. Finalmente, seria necessário estudar esses eventos neurais e descobrir se alguma coisa faz uma das opções empatadas ser escolhida. Em particular, seria preciso encontrar provas de que, pelo menos algumas vezes, *nada* as faz ser escolhidas.

Se pudéssemos fazer tudo isso, então teríamos uma boa evidência científica para a afirmação de que, quando tomamos nossas decisões divididas, pelo menos algumas vezes nada nos leva a escolher da forma como escolhemos. E isso nos daria uma boa razão para acreditar que nós temos livre-arbítrio.

Mas, hoje, estamos longe de sermos capazes de fazer tudo isso. E assim o que devemos dizer aqui é que, hoje, nós não sabemos se temos livre-arbítrio. Devemos dizer que essa é uma questão científica em aberto.

Isso não é tão ruim. Levando em conta que há pessoas lá fora dizendo que já foi provado que não temos livre-arbítrio, não é tão ruim chegar ao final à conclusão de que não sabemos se temos livre-arbítrio ou não.

Descobrimos aqui que os inimigos do livre-arbítrio costumam exagerar quando apresentam seus argumentos. A verdade é que eles estão longe de saber o suficiente sobre como o cérebro humano funciona para concluir, com qualquer grau de certeza, que nós não temos livre-arbítrio. Como vimos, os argumentos que as pessoas apresentaram contra o livre-arbítrio são baseados em alguns pressupostos que são completamente infundados.

O que eu estou dizendo agora é que não devemos cometer o mesmo erro dessas pessoas. Não devemos exagerar o caso *a favor* do livre-arbítrio. Não devemos fazer suposições infundadas. Devemos ser cuidadosos e céticos. Devemos reconhecer quando nós não sabemos algo e não tentar fingir que sabemos. A realidade é (a) que a questão do livre-arbítrio é uma questão superdifícil sobre as causas de certos eventos neurais; e (b) que ainda sabemos pouco sobre esse assunto. A neurociência tem feito progressos verdadeiramente surpreendentes nas últimas décadas. Mas essa ciência ainda está em sua infância. Nós simplesmente não estamos prontos para responder agora à questão do livre-arbítrio. E, além disso, considerando o que seria necessário fazer para resolver essa questão, é improvável que sejamos capazes de respondê-la durante nossas vidas. É muito provável que aqueles entre nós que estão vivos enquanto escrevo estas palavras estarão mortos e enterrados antes de os seres humanos serem capazes de responder à questão do livre-arbítrio com qualquer grau de certeza.

Eu quero fazer mais um comentário sobre a necessidade de ser cético. Você deve sempre tomar cuidado quando alguém menciona um monte de estudos científicos e diz que esses estudos provaram X, Y ou Z. Você não pode confiar nas pessoas em situações como essa. Você tem que ler os artigos e ver você mesmo o que eles mostram. E se você não tiver tempo para fazer isso, você deve desconfiar. Em suma, você deve se manter inconvicto.

Se o mesmo estudo foi realizado várias vezes, em muitos laboratórios diferentes, ao longo de vários anos, e se todos os especialistas da área concordam que esse estudo confirma uma determinada conclusão, então isso nos dá alguma razão para pensar que a conclusão é provavelmente verdadeira. Mas você não pode confiar em um argumento que se baseia em um estudo isolado, especialmente quando envolve uma interpretação polêmica sobre o que os resultados mostram. Em situações como essa, é sempre melhor permanecer cético e com a mente aberta.

GLOSSÁRIO

Aleatoriedade

Esse é um termo que é usado de muitas maneiras diferentes. O uso do termo neste livro está relacionado com a questão de saber se nossas decisões ocorrem aleatoriamente ou não. Dizer que uma decisão ocorreu de forma aleatória pode significar muitas coisas diferentes, mas os dois significados mais importantes para os propósitos deste livro são os seguintes: em primeiro lugar, ao dizer que uma decisão ocorreu de forma aleatória, você pode querer dizer que ela ocorreu completamente sem causa. E, em segundo lugar, você pode querer dizer que a pessoa em questão não estava no controle da decisão, ou não foi a autora da decisão, ou não foi a verdadeira fonte da decisão. Assim, se estamos usando o termo dessa segunda maneira, então dizer que minha decisão ocorreu de forma *não* aleatória é dizer que eu estava no controle da decisão; em particular, é dizer que eu estava no controle de qual opção foi escolhida; ou, para colocar o ponto de uma maneira diferente, é dizer que eu fui a fonte da decisão, ou o autor da decisão. Uma questão importante é saber se a decisão pode ser não aleatória nesse sentido e, ao mesmo tempo, ser aleatória no sentido de ocorrer completamente sem causa. Defendo neste livro (no capítulo 6) que isso *é* possível.

Causalidade

Veja *Causalidade determinística* e *Causalidade probabilística*.

Causalidade determinística
Dizer que um evento foi deterministicamente causado por eventos anteriores é dizer que ele foi completamente causado por eventos anteriores. Em outras palavras, é dizer que ele foi totalmente predeterminado, ou seja, os eventos anteriores o obrigaram a ocorrer da única maneira que poderia ter ocorrido.

Causalidade probabilística
Dizer que um evento foi probabilisticamente causado por eventos anteriores é dizer que ele foi causado por eventos anteriores, mas que esses eventos anteriores não o fizeram necessariamente ocorrer. Em vez disso, os eventos anteriores simplesmente aumentaram a probabilidade de que o evento em questão ocorresse.

Ciência empírica
Uma ciência empírica é uma ciência como a física, a química, a biologia, a psicologia ou a neurociência. Essas ciências estão preocupadas com a caracterização da natureza do mundo físico, e suas metodologias são baseadas em observação e experimentação. Em contraste com as ciências empíricas, temos as disciplinas como a matemática e a lógica, com metodologias que geralmente não são empíricas – isto é, elas geralmente não são baseadas em observação ou experimentação.

Compatibilismo
O compatibilismo defende que o livre-arbítrio é compatível com o determinismo. Assim, de acordo com essa concepção, mesmo se todas suas ações e decisões forem completamente predeterminadas – mesmo se elas forem todas completamente causadas por eventos que ocorreram há bilhões de anos – ainda pode fazer sentido dizer que você tem livre-arbítrio.

Decisões divididas

Uma decisão dividida é uma decisão consciente em que você tem várias opções e você está dividido entre elas, sem conseguir decidir qual é a melhor opção. Mais precisamente, você tem várias opções e as melhores parecem estar mais ou menos empatadas, de tal forma que você se sente completamente inseguro quanto ao que você deve fazer. E você decide se sentindo dividido.

Determinismo

Em linhas gerais, o determinismo sustenta que todos os eventos são totalmente causados por eventos anteriores. Mais precisamente, ele sustenta que uma declaração completa das leis da natureza, juntamente com uma descrição completa do universo em algum momento específico, determina logicamente qual será a descrição completa do universo em todos os momentos posteriores.

Indeterminismo

É apenas a concepção de que o determinismo é falso. Em outras palavras, é a concepção segundo a qual pelo menos alguns eventos não são totalmente predeterminados por eventos anteriores.

Livre-arbítrio

Este termo é notoriamente difícil de definir. Além disso, a questão de como deve ser definido é extremamente polêmica. Veja duas definições muito populares, em *livre-arbítrio estilo Hume* e *livre-arbítrio não predeterminado*. Muitos filósofos pensam que o termo "livre-arbítrio" é essencialmente sinônimo de "livre-arbítrio estilo Hume"; outros pensam que é sinônimo de "livre-arbítrio não predeterminado"; e outros ainda pensam que deve ser dada alguma outra definição. Mas, mais uma vez, todas essas opiniões são controversas.

Livre-arbítrio estilo Hume

Em linhas gerais, podemos dizer que o livre-arbítrio estilo Hume é a capacidade de *fazer o que você quiser*. Mais precisamente, podemos dizer que uma pessoa tem livre-arbítrio estilo Hume se e somente se ela é capaz de agir de acordo com suas escolhas e escolher de acordo com seus desejos.

Livre-arbítrio não predeterminado

Dizer que uma pessoa tem livre-arbítrio não predeterminado é dizer que pelo menos algumas de suas decisões têm estas duas características: (i) elas não são predeterminadas por eventos anteriores, e (ii) elas não são aleatórias, no sentido de que a pessoa em questão está no controle de qual opção é escolhida, de modo que ela é a *autora*, ou a *fonte*, da escolha. Assim, para simplificar isso um pouco, se você acabou de tomar uma decisão consciente, então dizer que essa decisão foi produto de seu livre-arbítrio (no sentido do livre-arbítrio não predeterminado) é dizer que (a) *você* foi o autor da decisão, e (b) nada *fez* você decidir da forma como decidiu.

Livre-arbítrio NPD

Veja *livre-arbítrio não predeterminado*. "Livre-arbítrio NPD" é apenas uma abreviação para o termo.

Materialismo

Este é um termo que é usado para significar muitas coisas diferentes. Neste livro, eu o uso para me referir à concepção segundo a qual os seres humanos são criaturas puramente físicas, ou que eles são feitos inteiramente de *matéria* e não têm almas não físicas.

Não aleatoriedade
Veja *Aleatoriedade*.

Neurociência
A neurociência é o estudo interdisciplinar do sistema nervoso. Então, é claro, os neurocientistas estudam os neurônios e os processos neurais.

Neurônio
Um neurônio é uma célula nervosa. A coisa mais importante sobre os neurônios é que eles recebem e enviam sinais elétricos. Quando um sinal elétrico percorre um neurônio, dizemos que ele *dispara*. Existem dezenas de bilhões de neurônios no cérebro e, em um determinado sentido, eles "conversam" uns com os outros; quando um neurônio dispara, ele pode fazer outros neurônios dispararem e, dessa forma, a informação pode ser transmitida através do cérebro. Neste livro, muitas vezes eu falo de *processos neurais* e, quando faço isso, estou falando sobre os processos cerebrais que envolvem o disparo de neurônios.

Processos neurais
Veja *Neurônio*.empatadas, de tal forma que você se sente completamente inseguro quanto ao que você deve fazer. E você decide se sentindo dividido.

NOTAS

Capítulo 4

1. É claro que, quando digo que temos livre-arbítrio estilo Hume, eu não quero sugerir que nós podemos fazer tudo o que queremos. Quero saltar do Empire State Building, voar em círculos sobre a cidade de Nova Iorque e depois pousar suavemente no Central Park; mas é claro que não posso fazer nada disso. Mas eu ainda tenho livre-arbítrio estilo Hume, porque eu posso fazer uma boa parte do que quero. Agora, algumas pessoas têm menos livre-arbítrio estilo Hume do que a maioria de nós. Por exemplo, enquanto eu posso andar na rua e ir ao cinema, as pessoas que estão na cadeia não podem fazer nada disso, mesmo se quiserem. Mas essas pessoas ainda têm algum livre-arbítrio estilo Hume. Por exemplo, se algum preso tem um livro ao lado de sua cama e se ele quiser pegá-lo e começar a lê-lo, então (na maior parte das situações) ele pode fazer isso.

2. A citação de William James vem de seu artigo "O dilema do determinismo" ("[Compatibilism] is a quagmire of evasion under which the real issue of fact has been entirely smothered. ... No matter what the [compatibilist] means by ["free will"] ... there is a problem, an issue of fact and not of words", na página 149 da versão do artigo listada na bibliografia). E as citações Kant são de seu livro *A Crítica da razão pura* ("petty word jugglery" e "wretched subterfuge", nas páginas 95-96 da versão do livro listada na bibliografia).

Capítulo 6

1. Isso é uma ligeira simplificação. Estritamente falando, o que devemos dizer aqui é que (i) se nossas decisões divididas são causadas *deterministicamente* por eventos anteriores, então nós *não* temos livre-arbítrio; (ii) se nossas decisões divididas são completamente *sem* causa, então nós *temos* livre-arbítrio; e (iii) se nossas decisões divididas são probabilisticamente (mas não deterministicamente) causadas, então temos livre-arbítrio *parcial*.

Capítulo 8

1. Isso é uma ligeira simplificação. A decisão dividida poderia ser causada *probabilisticamente* sem ser causada deterministicamente, e, nesse cenário, ela ainda poderia ser *parcialmente* livre.

LEITURAS ADICIONAIS

Para uma discussão de nível introdutório sobre o problema filosófico do livre-arbítrio, veja:

Campbell, Joseph Keim. *Free Will*. Cambridge: Polity Press, 2011.

Kane, Robert. *A Contemporary Introduction to Free Will*. Oxford: Oxford University Press, 2005.

O'Connor, Timothy. "Free Will." Em *Stanford Encyclopedia of Philosophy*, 2010, http:*plato.stanford.edu/entries/freewill/*.

Pink, Thomas. *Free Will: A Very Short Introduction*. Oxford: Oxford University Press, 2004.

Para um ataque de nível introdutório ao livre-arbítrio, veja:

Harris, Sam. *Free Will*. New York: Free Press, 2012.

Para ataques mais acadêmicos ao livre-arbítrio, veja:

Pereboom, Derk. *Living without Free Will*. Cambridge: Cambridge University Press, 2001.

Wegner, Daniel M. *The Illusion of Conscious Will*. Cambridge, MA: MIT Press, 2002.

Para uma defesa acadêmica do livre-arbítrio, veja:

Balaguer, Mark. *Free Will as an Open Scientific Problem*. Cambridge, MA: MIT Press, 2010.

BIBLIOGRAFIA

Harris, Sam. *Free Will*. New York: Free Press, 2012.

Haynes, John-Dylan. "Decoding and Predicting Intentions." *Annals of the New York Academy of Sciences* 1224 (2011): 9–21.

Hume, David. *An Inquiry Concerning Human Understanding*. Indianapolis, IN: Bobbs-Merrill, 1955 (publicado originalmente em 1748).

James, William. "The Dilemma of Determinism." In *The Will to Believe: Human Immortality*, 145–183. New York: Dover, 1956 (ensaio publicado originalmente em 1884).

Kant, Immanuel. *The Critique of Practical Reason*. Trans. T. K. Abbott. New York: Longman, Green, 1927 (publicado originalmente em 1788).

Libet, Benjamin, and Associates. "Time of Conscious Intention to Act in Relation to Cerebral Potential." *Brain* 106 (3) (1983): 623–642.

Wegner, Daniel M. *The Illusion of Conscious Will*. Cambridge, MA: MIT Press, 2002.